U0897846

郑州市名村志文化工程

海上桥村志

郑州市地方史志编纂委员会　主办
郑州市地方史志办公室　编著

中国水利水电出版社
www.waterpub.com.cn
·北京·

图书在版编目（CIP）数据

海上桥村志 / 郑州市地方史志办公室编著. -- 北京：中国水利水电出版社，2020.12
（郑州市名村志文化工程）
ISBN 978-7-5170-9131-8

Ⅰ. ①海… Ⅱ. ①郑… Ⅲ. ①村史－郑州 Ⅳ. ①K296.15

中国版本图书馆CIP数据核字(2020)第246439号

审图号：豫S〔2020年〕033号

总 策 划：营幼峰　王厚军
选题策划：马爱梅　宋建娜　李慧君
责任编辑：李慧君

书　名	郑州市名村志文化工程 海上桥村志 HAISHANGQIAO CUN ZHI
作　者	郑州市地方史志办公室　编著
出版发行	中国水利水电出版社 （北京市海淀区玉渊潭南路1号D座 100038） 网址：www.waterpub.com.cn E-mail: sales@waterpub.com.cn 电话：（010）68367658（营销中心）
经　售	北京科水图书销售中心（零售） 电话：（010）88383994、63202643、68545874 全国各地新华书店和相关出版物销售网点
排　版	北京金五环出版服务有限公司
印　刷	北京印匠彩色印刷有限公司
规　格	184mm×260mm　16开本　13.5印张　238千字
版　次	2020年12月第1版　2020年12月第1次印刷
定　价	98.00元

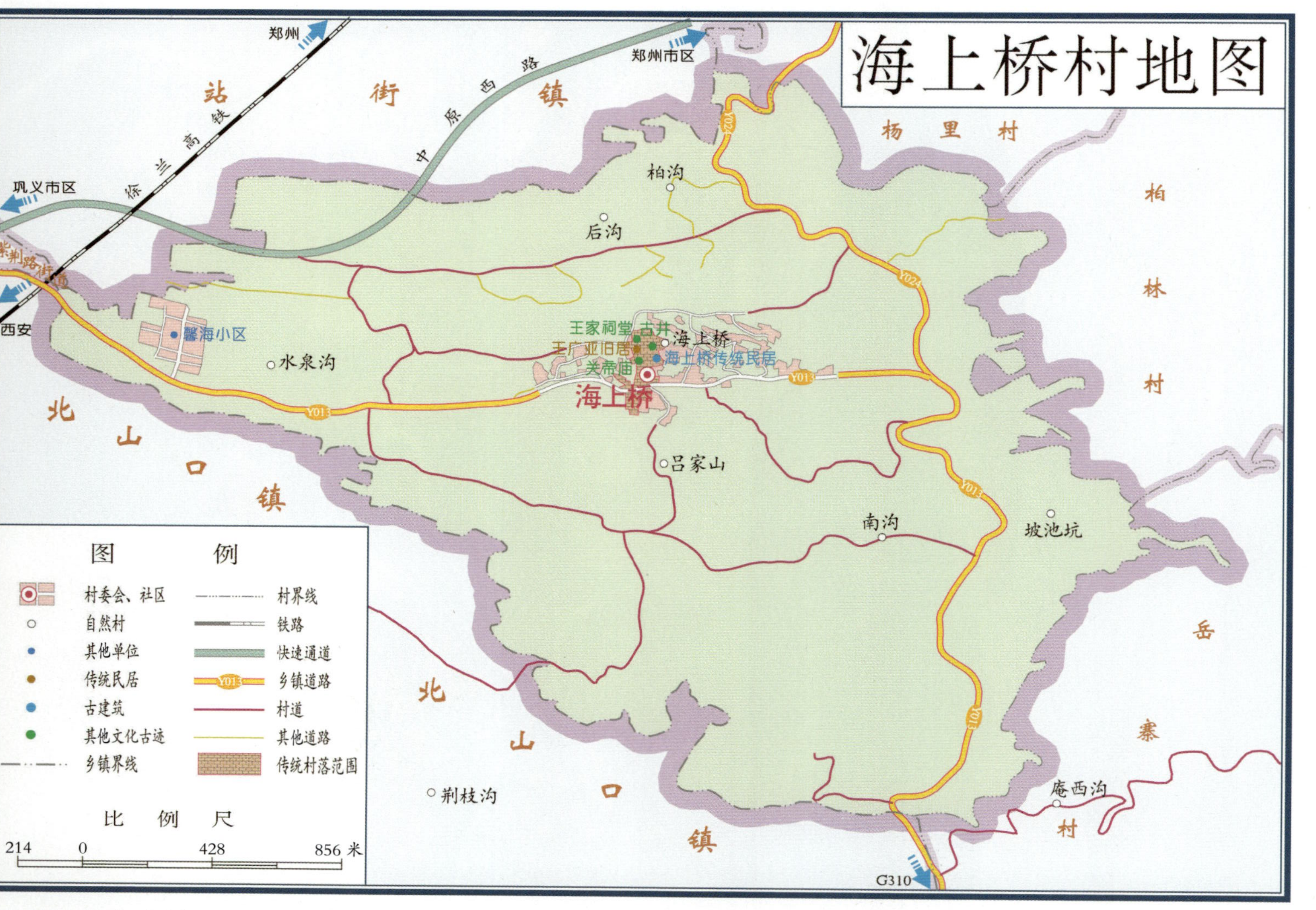

（注：图内行政界线不作为实际划界依据）

河洛家园　170 厘米 ×170 厘米　油画　2013 年 3 月写生于巩义海上桥　刘剑伟

河洛之春　130 厘米 ×180 厘米　油画　2013 年 4 月 1 日写生于巩义海上桥村　刘剑伟

河之南　150 厘米 ×200 厘米　油画　2004 年　刘剑伟

大地无言　130 厘米 ×200 厘米　油画　2013 年　刘剑伟

暖冬　100 厘米 ×100 厘米　油画　1997 年　刘剑伟

郑州市名镇志、名村志、名街志编纂委员会

《海上桥村志》编纂委员会

主　　任　刘亚涛　高　明　路培育　于晓理

副 主 任　王晓辉　赵　静

委　　员　刘绪建　康　磊　王志万　张占普　梁全艺　刘诗宽
张志亮　王伟杰　杨玉凤　刘蓓蓓

编　　撰　白海峰　王长印　王长瑞　王冬云　张向阳　刘　伟
李元成

郑州大学建筑学院
郑东军　王晓丰　于　雷

绘　　画　徐小龙　段建伟　刘剑伟　姚小伟　石　磊　马　勇
徐明跃

摄　　影　曹振普　李新华　邵保华　钟兆辉　王　平　常　宝

序

2018年以来，郑州市地方史志办公室（以下简称“市史志办”）认真学习贯彻落实习近平总书记关于加强修史修志工作重要论述精神，在中国地方志指导小组办公室河南省地方史志办公室的指导、支持下，围绕服务郑州国家中心城市大局，提高政治站位，推进创新发展，以郑州市名镇志、名村志、名街志文化工程为抓手，积极探索基层志书编纂体制机制创新的有效途径，努力打造新时代精品佳志。市史志办相继完成了35部乡镇志、村志和街道志的编纂出版工作。这是郑州市坚持以习近平新时代中国特色社会主义思想为指引，贯彻落实《全国地方志事业发展规划纲要（2015—2020）》要求，推动地方志事业高质量发展、发挥存史资政育人职能作用的一项重要成果。市史志办的主要做法是：

坚持正确导向，突出时代主题。市史志办在镇志、村志、街道志编纂中，力求全面、客观反映党史、新中国史、改革开放史、社会主义发展史在郑州的辉煌业绩，记录郑州从一座古老的城市发展成为国家中心城市的历史进程，阐释中华文明、中原文化在郑州这座城市的文明形态起源、嬗变和现代转型。聚焦黄河文化、商都文化、黄帝文化、河洛文化、嵩山文化和二七精神等重要的城市文化名片，市史志办组织编纂了管城区《东大街街道志》《西大街街道志》《城东路街道志》，二七区《德化街道志》，金水区《杜岭街道志》，上街区《峡窝镇志》《方顶村志》，巩义市《回郭镇志》《大峪沟镇志》《康店镇志》《河洛镇志》《站街镇志》《小关镇志》《米河镇志》《涉村镇志》《海上桥村志》，新郑市《孟庄镇志》《新建路街道志》，荥阳市《汜水镇志》，惠济区《古荥镇志》，中牟县《雁鸣湖镇志》，新密市《刘寨镇志》，登封市《告成镇志》等基层志书。市史志办尝试从方志学的角度描述、分析这些文化的历史演进，宏大叙事与微观剖析并重，讲述方志故事，凝聚城市精神，发现并彰显这些深藏在街道社区、乡村田野里的城市文化根脉。

坚持质量标准，规范编纂流程。我们认真贯彻落实《郑州市地方志工作规定》要求，明确各级地方志工作机构与编纂单位分工负责，针对每部志稿都成立了专门编纂机构，专班推进，形成了一级抓一级、层层抓落实，踏石留印、抓铁有痕的工作格局。遵循地方史志工作的基本原则，把质量视作名镇名村名街志编纂的生命线，对每部志书严把政治观、史实关、体例关、文字关、出版关和印刷关。为提高编纂专业水平，市史志办邀请中国地方志指导小组办公室、河南省地方史志办公室指导工作，并与国内知名高校合作，采取集中培训、案例教学等形式，面向修志业务人员，结合实际答疑解惑，较好地统一了修志原则和基本规范。同时，市史志办与中国水利水电出版社紧密协作，按照中国名镇志、名村志、名街志文化工程的质量标准，开展全方位深度合作，搭建专业服务平台，合力推进精品工程建设。

拓展方志视野，创新编纂方式。市史志办积极适应进入“读图时代”的现代读者需求，在锤炼文字表达的同时，特别突出了“图像存史”的作用。市史志办与河南省美术家协会合作，组织一批在省内乃至全国有影响的优秀画家，深入基层开展采风创作，用画笔描绘郑州美丽乡村和城市现代街区风貌。市史志办要求编纂单位注意对优秀美术作品的资料收集，如巩义籍著名画家陈天然、徐小龙等长年扎根农村基层，创作出一批表现浓郁乡土风情的优秀美术作品，许多作品收录入相关志书，成为熠熠生辉的亮点。中共郑州市委宣传部外宣办，河南日报新闻图片有限公司，郑州日报社及市、县（市）区摄影家协会等单位和许多优秀、敬业的摄影家，为市史志办提供、创作了大批精彩的摄影作品，与志书篇章结构和语言文字同步配合，形成了一个全新的图像叙事语言体系。这已不是简单的配图、插图、图文并茂，而是把图像证史、存史放在了编纂方式创新的维度上来考量其价值与意义。

提高学术品质，丰富志书内涵。市史志办借鉴人文地理学和社会学的调查研究方法，在中原区委、区政府的支持下，组织编纂了该区《西流湖街道志》《中原西路街道志》《桐柏路街道志》《三官庙街道志》《棉纺路街道志》《绿东村街道志》《林山寨街道志》《汝河路街道志》《航海西路街道志》《须水街道志》《秦岭路街道志》《建设路街道志》12部街道志，对一个行政建置区域的政治、经济、文化、社会、生态建设状况，特别对自中华人民共和国成立以来各个历史时期的发展做了全方位的较完整记述。这些街道志组成了一个美丽的“方志拼图”，从中可以清晰地看到中原区从一个传统的城郊农业区，在中华人民共和国成立初期形成郑州市的市级行政中心、文化中心和现代工业区，改革开放以来经过国企改革的华丽“蝶变”转型升级为现代化宜居宜业新城区的时空轨迹。市史志办与郑州大学建筑学院合作，开展传统村落与民居保护和城市街区建筑文化专项调查，形成了一批研究成果并在编纂中予以重点展示。郑州市是中华文明探源工程、夏商周断代工程等考古研究的重点区域，拥有世界文化遗产登封“天地之中”历史建筑群和诸多国家重点文物保护单位，各类历史文化遗迹俯拾即是。在文物部门的大力支持下，市史志办在相关志书编纂中，注意收录考古最新发现及研究成果，以丰富志书编纂的文化内涵。

坚持统筹规划，分层扎实推进。市史志办坚持依法治志的基本原则，依法推进各项编纂组织管理工作。一是建章立制，科学管理。结合编纂实际，理顺管理体制和运行机制，明确了市、县、乡、村在志书编纂中的各级权责，分级负责与属地管理有机结合，最大限度地形成合力、统筹推进。市史志办把这项工作作为一项硬任务，年初及时向市委市政府报告列入年度工作计划、列入财政预算，并与各县（市）区协商制订工作计划，按节点有序推进。二是统一规划，明确目标。市史志办要求各县（市）区本着精品至上、宁缺毋滥的原则确定选题规划，突出“名”和“特”，建立编纂项目库，集中力量，抓出精品，锻炼队伍，探索经验。三是分类指导，有的放矢。根据各县（市）区申报的选题计划，市史志办进行实地考察和逐一分析，建立选题库，原则上每年规划指导编纂 10 部，出版 5 部志书。在整体过程中，实施有效的分类管理，进度服从质量，不搞“一刀切”，因地制宜，精准发力，推动这项工作积极稳妥、健康有序开展。四是重点突破，严把关口。市史志办以出版为时间节点，倒排工期，提出每部志书要认真把好四个关口：首先，每部志书的承编单位要严格按照既定的编纂体例完成初稿，做到篇目完整、材料充分。其次，各县（市）区史志工作机构要组织相关部门召开评审会，重点把好政治关、史实关，确保在民族、宗教、保密等重大问题上不出偏差，在内容材料上客观真实、准确无误。第三，由市史志办协同组织出版社、承编单位和专家学者，对稿件进行集中修改审定，群策群力，解决每部志书在内容、体例、语言等方面存在的问题，基本完成定稿。第四，出版社按照所签订的合作协议，编辑出版关口前移，签订协议后，提前介入每部志书的具体编纂指导、审定等工作，确保出版进度和质量。

坚持深入调研，解决实际问题。在地方志事业转型升级创新发展的进程中，转变思想观念、转变发展方式是全面的、深层次的变革。在推进名镇志、名村志、名街志文化工程工作中，市史志办深感地方志工作“一纳入、八到位”不能仅停留在一般性的“纳入”和“到位”上，应该以问题为导向，深入调查研究，切实解决党委政府重视支持、人力财力保障等基层反映强烈的实际问题。一是积极争取各级党委政府支持。名镇志、名村志、名街志的编纂主体是市县乡各级党委政府及其地方史志管理工作机构，是“官修”而非私修。因此，编纂名镇志、名村志、名街志是在各级党委政府领导和支持下、由各级地方史志工作机构负责牵头组织开展的。市史志办在调研中深刻体会到，名镇志、名村志、名街志的编纂过程既是一个部门的业务推进，也是向各级党委政府汇报地方史志工作转型升级创新发展的形势任务、争取更大支持，解决实际问题的工作契机。二是切实解决好钱从哪里来。名镇志、名村志、名街志文化工程是郑州市组织推进的一项重点文化项目，市史志办明确不向乡镇村基层摊派经费增加负担，按照财政分级管理的原则，积极向市政府和财政部门争取项目专项资金，解决编纂出版印刷等各项工作中的费用。各县（市）区负责组织编纂志书初稿的费用，经郑州市地方史志办公室审定、出版社认可达到编辑出版要求，之后的费用由郑州市地方史志办公室负责申请市财政审核拨付。对名镇志、名村志、名街志编纂出版试行项目化资金管理，明确资金来源，严格预算管理，有助于形成一级抓一级、层层抓落实的长效工作机制。三是形成合力众手成志。把名镇志、名村志、名街志打造成为堪存堪鉴的精品志书，仅靠现有的史志工作机构是难以实现的。目前，我们面临的困难是多方面的，既有青黄不接、人才短缺，也有研究不足、经验匮乏。一些社会力量参与到基层志书、年鉴的编纂工作中，存在着政治站位不高、政策把握不准、水平参差不齐等问题。但是，市史志办在调研中也看到，社会各界对参与编修名镇志、名村志、名街志有较高的积极性、主动性，许多基层村镇表示愿意借助这项工作打造文化品牌，推动当地经济社会发展。因此，在今后编纂工作中，要坚持从凝聚共识入手，着力形成团结一致、高效运转的强大合力，构建优势互补、复合型、专业化的新型协作体系。

以上是市史志办在郑州市名镇志、名村志、名街志文化工程中的一些尝试，不足之处敬请批评指正，以便在今后工作中认真加以改进。

郑州市地方史志办公室

2020 年 10 月

凡 例

一、指导思想　以马克思列宁主义、毛泽东思想、邓小平理论、“三个代表”重要思想、科学发展观、习近平新时代中国特色社会主义思想为指导，坚持辩证唯物主义和历史唯物主义的立场、观点和方法，客观、系统记述村落发展变化进程和改革开放成果，传承和抢救乡土历史文化，激发爱国爱乡情怀，为探索城镇化建设、社会主义新农村建设的发展经验、发展模式、前进道路提供历史智慧和现实借鉴。

二、时间断限　为全面反映入志事物发展脉络，各志上限尽量追溯至事物发端；下限一般断至各村志启动编修年份，个别重大事项可延至搁笔。

三、记述范围　记述地域范围以下限年份的行政辖区为主。为体现名村在更大区域内的意义，可以从更开阔的区域视野记述与该村相关的内容。

四、总体结构　统一采用纲目体，设类目、分目、条目三个层次。横排门类，纵述史实。除《中国名村志丛书基本篇目》要求的必设类目外，其余类目根据各村实际，依照突出时代特色、地方特色的原则自行安排。

五、体裁形式　综合运用述、记、志、传、图、表、录等各种体裁，以志体为主。

六、语言文体　除引用文字和附录文献资料外，统一使用规范汉字及现代语体文记述体。记事坚持秉笔直书、述而不作，只记事实，不作评论，寓观点于材料之中。行文力求朴实、严谨、简洁、流畅、优美，具有较强可读性。

七、人物载录　本志设“历史名人”与“名人与名村”两个分目。“历史名人”遵循“生不立传”原则，按生年排序。只选录对本村发展有重大影响的历史人物，不面面俱到。“名人与名村”收录在政治、经济、文化、社会等方面有重大影响的著名人物（政治家、艺术家等）在本村的活动和对本村发展所作的贡献。

八、图照表格　志中随文配图，图下设文字说明，图文并茂。图、照和表格各志统一编排序号。

九、数据　所需数据一般采用政府统计部门数据，无政府统计部门数据时选用主管部门正式提供的数据。

十、计量单位　采用国务院1984年2月发布的中华人民共和国法定计量单位。历史上使用的计量单位，如斗、石、里、尺、磅、华氏度等，在引文时可照录，但以类目为单位首次出现时应加注。

十一、纪年　自中华民国成立后的纪年，均使用公元纪年。志中所称“解放前（后）”，以当地解放日为界；“新中国成立前（后）”，以中华人民共和国成立日1949年10月1日为界；“改革开放前（后）”，以中共十一届三中全会召开的1978年12月为界。

十二、称谓　记事概以第三人称角度记述。人名直书其姓名，必要时冠以职务职称。地名以现行标准地名为准。如使用历史地名，于每个条目首次出现时括注现行地名。各个历史时期的党派、团体、组织、机构、职务等均以当时名称为准。对于称谓过长而又频繁使用者，于首次出现时使用全称并同时括注简称，之后使用简称。

十三、数字、标点　遵循国家标准和出版规定，志中数字书写以GB/T 15835—2011《出版物上数字用法》为准，使用标点符号以GB/T 15834—2011《标点符号用法》为准。

十四、注释　行文中的注释一律采用当页下脚注；附载文章于篇后注明资料来源。

十五、本凡例对于各村志编纂中的未尽事宜，均在“编纂始末”中予以说明。

目 录

概述

LOCAL RECORDS OF HAISHANGQIAO

河南省巩义市海上桥村地处中原腹地，历史文化底蕴丰厚，是豫西传统村落的典型代表。现存明清古建筑院落42处，以传统的硬山式建筑及豫西典型窑院建筑为主，“背山而屏”格局十分清晰，具有突出的历史、科学、社会和艺术价值。

海上桥村位于巩义市大峪沟镇西北部，东临大峪沟镇岳寨村、柏林村、杨里村，西接北山口镇铁匠炉村，南依北山口镇水地河村，北邻站街镇山神庙村。民国26年（1937年）《巩县志》载：“县治南五里山神庙。八里海上桥，有保和寨，同治五年建。”村域面积

海上桥村全貌　李新华　摄

4.82 平方千米，耕地面积 2900 余亩，荒山面积 2766 亩。海上桥村由 7 个自然村组成，辖 16 个村民组，676 户，2559 人。

海上桥村地处豫西浅山丘陵区，境内山峦起伏，平均海拔 270 米，整体地貌东高西低，东、西、北三方皆为丘岭。村民聚落沿浅山沟壑纵深线性布局。气候属暖温带大陆性季风气候，冬寒夏热，气候干燥，光照充足，四季分明，适宜各类生物繁衍生长。

关于海上桥村村名的来历，据村中碑刻记载，海上桥村西河谷中有一眼翻花泉，终年

海上桥村地貌　曹振普　摄

海上桥明清古建筑院落　曹振普　摄

海上桥明清建筑　曹振普　摄

海上桥雪景　曹振普　摄

不涸，人称“海眼”。泉水聚于河谷池中，水色碧绿，池中有鱼虾河蚌常游，河谷上方搭一便桥，供人们南北种田过往，因而得名“海上桥”。该村是以王姓为主的居住地。村中王氏家族于明万历年间从巩县站街镇周家碾（现巩义市站街镇新沟村）迁入。随着人口的不断增加，居住群不断扩大，自成格局。

海上桥村现存明清民居中，有省级文物保护单位22处，其中包括关帝庙1座，古井1口，其余20座皆为古民居院落。大多数院落为一进式和二进式四合院，院内配以厢房、倒座及门楼，雕梁画栋，古色古香。传统窑院民居保存较好，部分砖木结构建筑的屋顶、墙体、梁架等虽有不同程度的损坏，但仍然具有良好的使用价值。2007年，海上桥村被巩义市人民政府列为巩义市第二批文物保护单位。2016年，海上桥村被河南省人民政府列为河南省第七批文物保护单位。2019年，海上桥村被国家住房和城乡建设部、文化和旅游部、国家文物局、财政部、自然资源部、农业农村部等列入第五批中国传统村落名录。

海上桥村历来重视文化教育。古时村民自行集资创办私塾，中华人民共和国成立后仍保持重视教育的传统，努力使下一代能得到良好教育。村内民居大门上“乐善好施”“居仁由义”“德披闾里”“刚方端严”“术妙丹溪”等匾额对联，体现了海上桥村淳朴、厚德、向善的村风家风。

基本村情

LOCAL RECORDS OF HAISHANGQIAO

建置沿革

辖区变迁

明嘉靖三十四年（1555 年），海上桥村属巩县坊廓保。

清乾隆四十九年（1784 年），海上桥村属巩县坊郭里。

清道光元年（1821 年），海上桥村属巩县仁里。

1912 年，巩县划分为 5 里 10 区，海上桥村属巩县芝田区。

1931 年，巩县划分为 6 区 18 乡 6 镇，海上桥村属巩县第一区。

1935 年，巩县划分为 3 个区，下设 40 个联保、181 个保，海上桥村属第一区新全联保管辖。

1941 年，巩县划分为 9 乡 1 镇。海上桥村属大新乡第六保管辖。

1948 年 4 月，巩县解放，全县划分为 8 个区、214 个行政村，海上桥村属第五区（城关区）管辖。

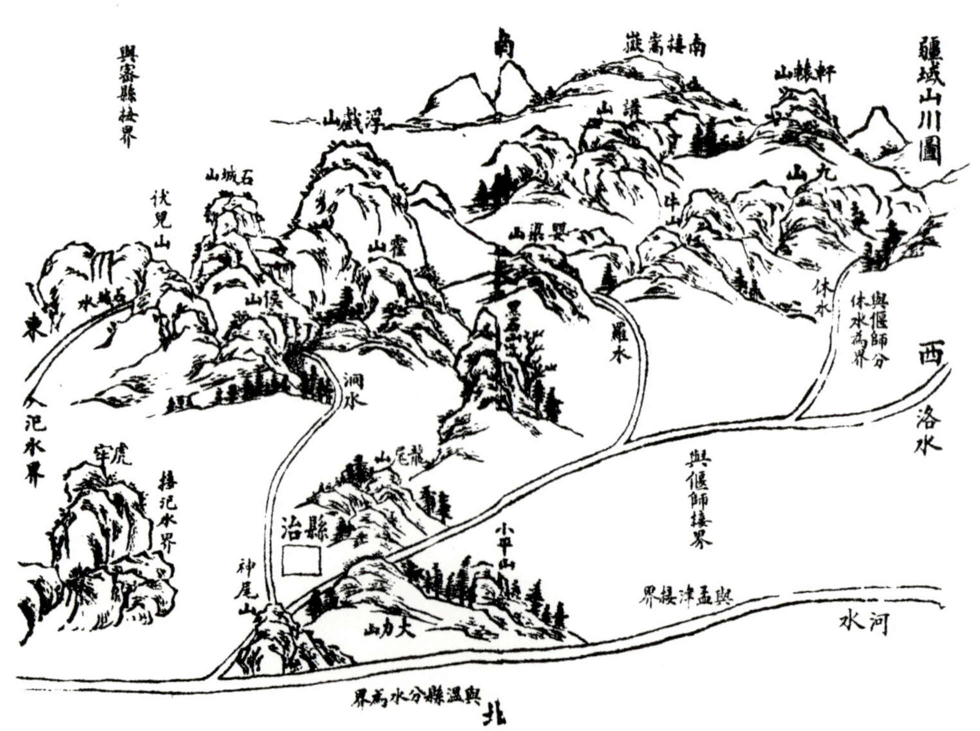

巩县疆域山川图　乾隆《巩县志》1923 年铅印本

1952 年 10 月，巩县成立第九区（玉皇庙区），海上桥村属第九区管辖。

1956 年 1 月，巩县撤区并乡，海上桥村属白河中心乡管辖。

1958 年 8 月，巩县划分为 13 个人民公社，海上桥村属大峪沟钢铁人民公社管辖。

1959 年 3 月，巩县 13 个人民公社调整为 8 个人民公社，海上桥大队属大峪沟人民公社管辖。

1961 年 6 月，海上桥村分为两个大队，其中第一生产队至第九生产队为海北大队，第十生产队至第十五生产队为海南大队。

1963 年 2 月，海北大队、海南大队合并成立海上桥大队，属玉皇庙人民公社管辖。

1965 年 11 月，海上桥大队属大峪沟人民公社管辖。

1983 年 12 月，大峪沟公社改为大峪沟乡，所辖大队改为村。海上桥村属大峪沟乡管辖。

1990 年 2 月，经河南省民政厅批准，大峪沟由乡改镇。海上桥村属大峪沟镇管辖。

所辖自然村

海上桥村辖海上桥、吕家山、南沟、坡池坑、后沟、柏沟、水泉沟 7 个自然村，主要姓氏有王、张、刘、李等姓。

海上桥 清乾隆年间，围村筑寨，3 个寨门分别镶石题字，东、西两寨门刻“晏海”“虹桥”，南寨门刻“保和寨”。总面积 0.92 平方千米，村民聚落呈散状，民宅多为平房、窑院，182 户，770 人。主要姓氏为王姓。

吕家山 域内有一山，形似笔架，俗称笔架山，最初村民为吕姓，故名。总面积 0.73 平方千米。村民聚落呈散状，民宅为平房、窑院，96 户，317 人。现主要姓氏为刘姓。

南 沟 地处海上桥最南端沟中，故名。总面积 1.31 平方千米。村民聚落呈散状，住宅为平房和窑院，167 户，629 人。主要姓氏为张、李、刘等姓。

坡池坑 总面积 0.5 平方千米。村民聚落呈散状，民宅多平房，亦有窑院，64 户，218 人。主要姓氏为王、白、张、刘等。

后 沟 位于村北一道东西走向沟内，故名。总面积 0.51 平方千米。村民散居，住宅为平房、窑院，43 户，142 人。主要姓氏为王、李等姓。

柏 沟 总面积 0.55 平方千米。村民聚落呈散状，民宅多平房，55 户，258 人。主要姓氏为杜、王、刘等姓。

海上桥　李新华　摄

吕家山　李新华　摄

南沟　曹振普　摄

坡池坑　曹振普　摄

后沟 曹振普 摄

柏沟 曹振普 摄

水泉沟 李新华 摄

水泉沟 该村有一泉眼，常年流水不断，水从沟内流出，故名。总面积 0.3 平方千米。村民聚落呈散状，多为平房，69 户，225 人。主要姓氏为王、许等姓。

区位交通

域内有海柏路、广亚路、海站路、坤俊路等 7 条道路与周边村镇连接，村组之间道路全部实现硬化。徐兰高铁、中原西路从村北通过，村道南接 310 国道，西接 235 省道，北达连霍高速公路。

徐兰高铁从村北通过　曹振普　摄

海柏路　李新华　摄

中原西路　李新华　摄

广亚路　李新华　摄

海站路　曹振普　摄

自然环境

地　形

海上桥村属于浅山丘陵区，平均海拔 270 米，东高西低，大多为丘陵、沟壑。村落沿浅山沟壑纵深线性布局，东、南、北三方皆为高峻土岭。南接五指岭余脉，东部为磨盘山，北部为青狮山，村内有陆丛谷堆、东岭岗等山丘。

山　脉

青狮山　远望形似青狮，故名，又名青堆山、青石山。青狮山位于海上桥村东北部，大致东西走向，系青石断层构造所致。海拔 377 米，北部延伸到站街境内。据明嘉靖三十四年（1555 年）《巩县志》载：“青堆山，在县东南一十五里，形势耸立，四时青翠，古称青堆。”民国 26 年（1937 年）《巩县志》载：“侯山西北有青堆山，其山四时苍翠，故名。”

青狮山　李新华　摄

陆丛谷堆　李新华　摄

海上桥村浅山丘陵　李新华　摄

东岭岗　曹根普　摄

黄土　曹振普　摄

青狮山　曹振普　摄

气 候

海上桥村属大陆性季风气候，冬季严寒，夏季炎热，气候干燥，雨雪稀少，四季分明。全村年平均温度为 14℃，历史记录最高温度为 40℃（1966 年 6 月 22 日），历史记录最低温度为 -15℃（1969 年 1 月 31 日）。年均降水量 680 毫米，年均湿度在 62% 以上，全年无霜期达 230 天以上。

海上桥之春 曹振普 摄

海上桥之夏　曹振普　摄

海上桥之秋　曹振普　摄

海上桥之冬　曹振

两合土　曹振普　摄

土　壤

海上桥村土壤分为两合土、黑姜土、白土、红土、黄土、石渣土 6 种，其中两合土分布最广。

自然资源

植物资源　海上桥村地处浅山丘陵，气候干燥，阳光充沛，适宜种植小麦、玉米、谷子、红薯、芝麻、花生、向日葵、油菜、油葵等农作物。果树种植有石榴、柿子、核桃、枣、苹果、梨、桃、杏、无花果、葡萄、樱桃等。药用植物有天花粉、紫苏、防风、黄芩、人参、生地等。

煤炭资源　南沟、坡池坑、吕家山等自然村地下煤炭资源丰富，矿藏距地面约 460 米，其中煤层厚约 1.3~2.1 米。南沟自然村地下有无烟煤，距地面 145~160 米，煤层厚约 4~25 米。

小麦　曹振普　摄

玉米　曹振普　摄

谷子　曹振普　摄

红薯　曹振普　摄

油菜　曹振普　摄

石榴　曹振普　摄

柿子　曹振普　摄

人 口

据民国 26 年（1937 年）《巩县志》记载，海上桥村居民 200 户，男 584 人，女 554 人，男女总数 1138 人。海上桥居民以王姓人口较多，约占全村总人口的 35%；刘姓次之，约占 20%；张姓又次之，约占 20%；其他各姓人口，合计占比 25%。截至 2019 年底，海上桥村共有 2559 人，其中男 1238 人，女 1321 人。

社会发展

学校教育

海上桥村历来重视教育。明清时期，村内办有私塾。据民国 26 年（1937 年）《巩县志》记载，1911 年，海上桥村建忆阙小学校于民宅，学生十余名，后改为育英小学校。1948 年 4 月，巩县解放，海上桥村教育迎来新的发展机遇。1949 年，在王氏祠堂开办海上桥小学。1952 年，开办农民夜校，以小学课本为主，由当时的小学教师进行业余辅导，招收学员 50 多人，两年期满毕业。1953 年，海上桥小学迁至王建五宅院。1957 年，组织扫盲教育，以省编识字课本为主，学员 70 多人。1969 年，海上桥小学附设初中班。1973 年，海上桥村高中成立。1975 年，海上桥村高中并入巩县第十高中。1988 年 8 月，海上桥小学初中部并入大峪沟镇第二初中。2007 年 8 月，海上桥小学改为大峪沟镇中心小学教学点。2012 年 8 月，海上桥大峪沟镇中心小学教学点撤销，师生全部并入大峪沟镇中心小学。

医疗卫生

1956 年，海上桥大队联合诊所成立。1958 年，海上桥大队联合诊所撤销，海上桥大队卫生所成立，建立妇产院。1970 年，实行合作医疗，卫生所设备由大队购置，服务群众看病。2003 年，农村实行新型合作医疗。2010 年起，海上桥村两委筹资为群众补助新型合作医疗费用。2011 年，实行基本药物制度，药价实行零差率销售，全部药品统一从卫生部门购进，村医在镇卫生院的指导下，为村民提供常见病、多发病诊治，负

王广亚先生 1991 年捐资修建海上桥小学 郑州商学院供图

海上桥小学　邵保华　摄

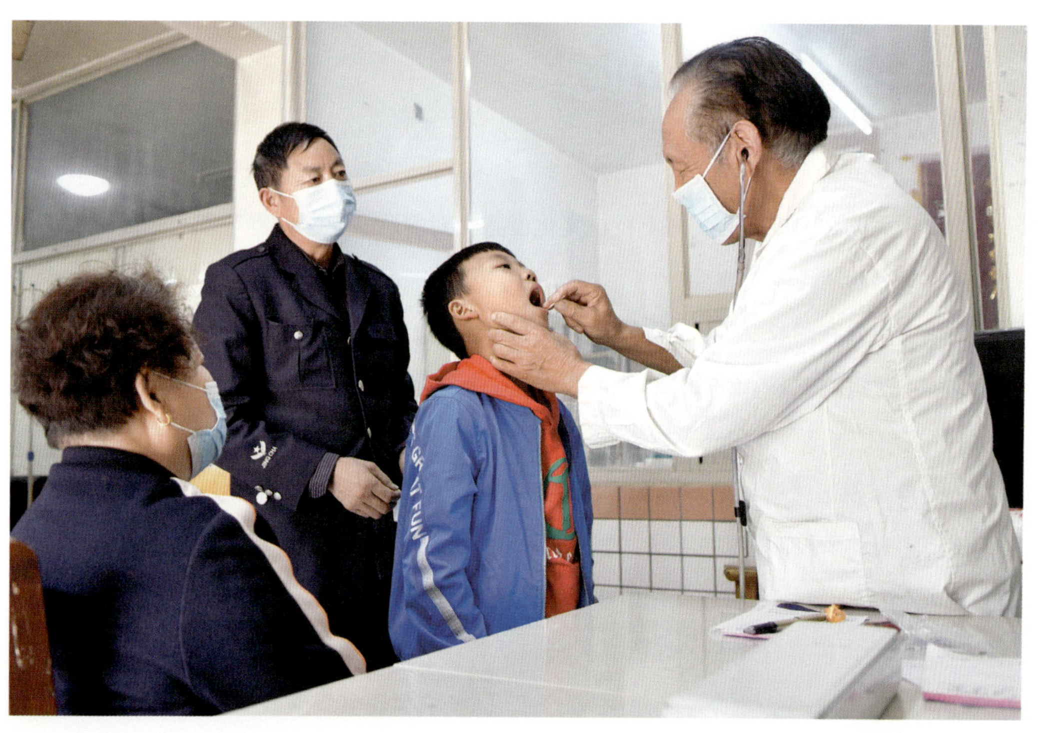

海上桥村卫生室　李新华　摄

2020 年海上桥村疫情防控咨询台　常宝　摄

责村里妇女、儿童、老人等重点人群保健工作，落实国家基本公共卫生各项服务项目。2018 年，开始实行城乡居民基本医疗保险，村两委年均补贴 50 余万元，为群众全额代缴医保费用。

群众文化

中华人民共和国成立前，海上桥村文化设施相对落后，每年仅春节期间开展说书、唱戏、演故事等活动。

中华人民共和国成立后，群众文化事业逐步发展。1952 年，成立广播站，宣传党的政策。1954 年，首次放映电影。1956 年，成立海上桥业余剧团，自排大型古装戏《牛郎织女》《秦香莲》等在村广场表演。1966—1968 年，海上桥业余剧团在各生产队巡回演出，剧目有《红灯记》《沙家浜》《智取威虎山》《海港》《白毛女》等。1971 年 9 月，海上桥村建立文化室，同时将学校图书室对群众开放。

进入 21 世纪，海上桥村文化事业蓬勃发展，陆续开展了“党的创新理论万场宣讲进基层”“百姓宣讲直通车”“红色文艺轻骑兵”“消夏文化广场”“新时代文明实践”等活动。2017 年 8 月，举办“传承家规家训，弘扬清风正气”廉政文化主题书画展活动。

2010 年 6 月 8 日海上桥村文化广场落成　常宝　摄

海上桥村文化广场　曹振普　摄

2019年1月，巩义市在海上桥村文化广场举办科技、文化、卫生“三下乡”活动。2019年，郑州升达经贸管理学院、郑州商学院在海上桥村文化广场联合举办“海上生明月”诗词朗诵会；郑州大学在海上桥村文化广场举办庆祝中华人民共和国成立70周年“我和我的祖国”戏曲音乐诗会。2020年7月，河南省歌舞剧团“舞台艺术送基层”活动在海上桥村演出。

村民生活

衣 中华人民共和国成立之前，海上桥村的大多数人家都种棉花，织成土布，以黑色为主。

中华人民共和国成立之后，村民衣着发生了明显的变化。随着物质生活水平的逐渐提高，人们的观念更新，不再满足于单调的着装方式。进入20世纪90年代，穿衣注重美观、大方、时尚，各式各样的大衣、休闲服装、皮衣、T恤衫、羽绒服等进入寻常百姓家。进入21世纪，人们着装追求个性、品位和品牌。

食 中华人民共和国成立之前，海上桥村群众生活困苦，农忙季节一日三餐，农闲季节一日两餐，以红薯、玉米、高粱等粗粮为主。

村民生活之一 姚小伟 摄

村民生活之二 曹振普 摄

中华人民共和国成立初期，随着生产力的提高，农业有了较大发展，粮食产量持续增加，农民生活不断改善。农民除种植谷类粮食作物外，还种植芝麻、花生、大豆、西瓜、油菜等。改革开放后，人民群众的生活水平得到进一步提高，一日三餐全部有细粮，鸡鸭鱼肉逐渐成为日常饮食。进入 21 世纪，饮食观念不断更新，人们讲究营养的合理搭配、食物的绿色健康。

住 海上桥村传统民居以窑院为主。老百姓住窑洞，投资少，简易方便，有冬暖夏凉的作用。

进入 21 世纪，海上桥村出现了公寓式洋房和别墅式小楼，房屋内外装修考究。2013 年 5 月，馨海家园开工，建设居民住宅楼 10 栋 312 套。

行 中华人民共和国成立前，海上桥村交通落后，人们出行以步行或畜力交通工具为主。20 世纪 70 年代末 80 年代初，自行车渐多。90 年代，交通工具主要有摩托车、机动三轮车、面包车。21 世纪以来，大多数家庭购置了小轿车，自驾游成为群众出游新时尚。近年来，新能源汽车日渐增多。

村民生活之三（馨海家园） 李新华 摄

村民生活之四 曹振普 摄

乡村政事

中国共产党海上桥村总支部委员会

1952年，中国共产党海上桥村支部委员会成立，党员9人。随着党员的增多，2012年，改为中国共产党海上桥村总支部委员会，党员86人。进入新时代，中国共产党海上桥村总支部委员会充分发挥党员的先锋模范作用，扎实开展“不忘初心、牢记使命”主题教育活动，完善“四议两公开”等议事规则，制定海上桥村党员积分管理办法，积极开展社会主义核心价值观教育，坚持每月1次党员会，每季度1次支部书记讲党课，每年召开1次组织生活会，发展1~3名党员。截至2019年底，中国共产党海上桥村总支部委员会下设农业支部、巩义市万达耐火材料有限公司支部和巩义市瑞普炉料厂支部3个党支部，党员总数116人。

海上桥村党员大会 刘伟 摄

海上桥村民委员会

1948年4月，海上桥村解放。

1954年，海上桥村成立初级农业生产合作社。

1956年1月，海上桥村更名为海上桥乡，成立高级农业生产合作社。

1959年3月，海上桥乡更名为海上桥大队。

1961年6月，海上桥大队分为海南、海北两个大队。

1963年2月，海北大队、海南大队合并成立海上桥大队。

1983年12月，海上桥大队改为海上桥村，成立海上桥村民委员会，下设16个村民组。

海上桥村务监督委员会

2011年，海上桥村务监督委员会成立。海上桥村务监督委员会对村务公开、民主理财等制度的实施，村务决策、工程建设、集体“三资”（资金、资产、资源）管理等项目的执行进行监督，并按照程序，提出监督意见，核实党务、村务、财务的运行，及时公布监督结果，反馈干部群众意见。通过监督，村支两委工作增加了透明度，做到事前、事后跟踪监督，定期上榜公示。

村域经济

LOCAL RECORDS OF HAISHANGQIAO

农 业

海上桥村内丘陵占70%，阳光充沛，但由于水源缺乏，经常干旱，粮食年产量不稳定，仅有部分沟田旱涝无差异。海上桥村的粮食作物主要有小麦、玉米、谷子、红薯、高粱、黄豆、绿豆、豌豆、扁豆、豇豆等。经济作物主要有棉花、芝麻、花生、油菜、油葵等。

种植业

小 麦 中华人民共和国成立初期，为改变农业生产落后状况，先后引进和尚头、红秃子、圪珰麦等小麦品种，亩产量由百斤左右提高至160多斤。进入20世纪80年代，引进郑麦3号、偃师4号、小偃6号等小麦品种，亩产突破200斤。进入21世纪，推广种植温麦2号、温麦3号，亩产突破400斤。

玉 米 20世纪50年代，主要玉米品种为七叶糙、小金籽，亩产不到300斤。60年代玉米品种为白马牙，亩产超300斤。进入21世纪，推广种植郑单035、漯单9号，亩产达到500斤以上。

农业之一 曹振普 摄

农业之二 曹振普 摄

农业之三 曹振普 摄

农业之四　常宝　摄

谷　子　谷子为耐旱、稳产作物，虽产量不高，但营养丰富，加工出来的小米性平、甘凉。海上桥村种植的谷子品种主要为红酒谷、白谷子、华农 4 号、新农 724 等。

高　粱　高粱多种植在地头、地边、空闲荒地，其籽粒是优质饲料，秸秆可编织成炊帚、笤帚、盖垫。高粱秸秆编制的杆帘是过去海上桥村民盖房的建筑材料。

大　麦　在灾年，大麦是度荒作物，平时主要作为牲口饲料。中华人民共和国成立以前，夏收要有场地打麦，因为大麦比小麦早熟，当时农户都习惯在场地种上大麦，提前收割后腾出作为打麦场用。早收的大麦还可弥补牲口饲料。这种习惯一直延续到 20 世纪 70 年代。

豆　类　海上桥村豆类作物有绿豆、黄豆、黑豆、豌豆、扁豆等。其中大部分作为杂粮辅食，豌豆和黑豆还可作为牲口精饲料。

油料类　海上桥村传统油料作物种植有芝麻、棉花，种植面积不大。进入 21 世纪，海上桥村开始种植油菜、油葵和花生，都是以自家需用为主。

林果业

中华人民共和国成立前，海上桥村在空闲荒坡种植杨树、槐树、榆树、柿树、山楂村、柏树和楝树等硬质树种。2004 年，海上桥村落实退耕还林政策，栽种了泡桐和杨树等速生树种。2019 年，全面推进乡村林果化，海上桥村在房前屋后种植桃树、梨树、杏树、枣树、核桃树、石榴树等；在青狮山等处实施荒山造林 300 亩。2020 年 4 月，海上桥村土地流转 290 亩，种植板栗、黄金蜜桃等经济林。

青狮山荒山造林　李新华　摄

工 业

海上桥村手工业起步于清代中期，村里建有瓦窑厂，主要生产建筑用砖、瓦及瓦盆、瓦瓾、瓦缸、瓦罐等。1951 年，成立鞋厂。1957 年，成立磨石厂。1962 年，成立海上桥综合厂，分油坊、锯工、木工等组。1963 年，成立砖厂。1973 年，成立海上桥机械厂。1975 年，成立腐殖酸铵厂。1978 年，海上桥机械厂与机械工业部第六设计院联营。1980 年，成立印刷厂。1984 年，成立海上桥耐火材料厂。1987 年，成立化工厂。1991 年，成立郑州海上桥台圳木业有限公司。1995 年，成立第二耐火材料厂。2000 年，成立巩义市瑞普炉料厂。2004 年，成立巩义市万达耐火材料有限公司。2011 年，成立巩义市东钰耐火材料有限公司和大峪沟裕鑫耐火材料厂。2012 年，成立巩义市鑫星重工机械厂。2017 年，成立巩义市瑞普特种石墨有限公司。

海上桥工业之一　60 厘米 ×70 厘米　油画　2014 年　石磊

进入新时代，海上桥村大力培育新兴产业，加大招商引资力度，持续优化营商环境，浙大科技园区等项目落地，经济发展的稳定性、协调性和可持续性显著增强。

海上桥工业之二　42 厘米 ×28 厘米　炭笔　2014 年　段建伟

海上桥工业之三　30 厘米 ×45 厘米　版画　2013 年　马勇

文物胜迹

海上桥传统民居之一　钟兆辉　摄

海上桥传统民居位于大峪沟镇海上桥村。坐北朝南，呈斜坡分布，始建于明末清初，有土寨护村，占地总面积 22400 平方米。现存 4 大部分，分 4 个方向，共有窑洞 75 孔，楼房 42 座 80 余间。村中居住的村民大部分姓王。整个建筑群由住宅、祠堂、庙宇等构成，内设共用的水井和四通八达的石子小道，沿着小道铺设有下水通道，围绕建筑群筑有高高的土寨墙。布局统一，结构严谨，是一处独具韵味的古代民居群。2016 年 1 月，河南省人民政府将其列为第七批河南省文物保护单位。

民　居

王广亚旧居

原为教育家王广亚旧居，坐西朝东，东西长 26 米，南北宽 14 米，现存倒座、窑洞 4 孔，为研究清代民居提供了重要参考。倒座为三间一过道，硬山式砖木结构，红石基础，砖筑土坯墙。倒座梁柱上墨书“大清道光四年十一月初四日”。窑洞为青石裱窑脸，一层有 3 孔，二层有 1 孔，还有晒台。

海上桥传统民居之二　曹振普　摄

王双安宅院

王双安宅院坐北朝南，南北长 23 米，东西宽 15 米，建筑风格为清代民居。院中有二层绣楼，下层为窑洞 3 孔，红石裱窑脸，青砖裱门脸，其一为丁字窑，可至二楼。二层建楼房，硬山式单坡顶，前出檐，廊檐下有两根木质明柱，中间有 4 扇隔扇门，两侧有 4 扇窗。

王跃进宅院

王跃进宅院坐北朝南，为两进院，南北长 33 米，东西宽 17.8 米，现存东厢房、窑洞。为清代建筑。东厢房为硬山砖木结构，红石基础，青石檐板，开有二层小门及二层小窗，平顶。窑洞青砖裱门脸，红石裱窑脸，门楣上有砖砌几何纹饰，东侧有通往二层的门和阶梯。

王志颂宅院

王志颂宅院坐北朝南，基本建筑格局尚存，现存窑洞 3 孔。面阔 15 米，进深 10 米，高约 8 米。有二层晒台、三层晒台。红石筑墙，青砖砌筑晒台，砖砌几何图案。

王应五宅院

王应五宅院坐北朝南，现存西厢房 1 间，面阔 5 米，进深 3 米，硬山砖木结构，单坡房，红石基础，砖筑土坯墙，小灰瓦顶。

王荣义宅院

王荣义宅院坐北朝南，为清代民居建筑，现存南厢房、窑洞。南厢房为硬山砖木结构，窑洞用砖石裱门脸、窑脸。

王哲民宅院

王哲民宅院坐北朝南，为两进式院落，南北长 33 米，东西宽 12 米，现存倒座，一院东厢房，二院东厢房，二院耳房、窑洞 5 孔。倒座为硬山砖木结构，红石砖墙，青砖裱脸，小灰瓦盖顶，主脊有花纹。厢房为硬山砖木结构，单坡房，红石基础，土坯墙。耳房为硬山砖木、砖石结构，二层开窗，架有棚板。窑洞为砖裱门脸，红石裱窑脸，有晒台。

海上桥传统民居之三　曹振普　摄

王长对宅院

王长对宅院坐北朝南，南北长 35 米，东西宽 14 米，原有厢房已翻修，现有窑洞 3 孔，为清代修建，面阔 14 米，进深 10 米。红石裱窑脸，青砖裱门脸，有晒台。

王红周宅院

王红周宅院坐北朝南，为清代民居建筑。原为二进院，南北长 29 米，东西宽 9 米。现存西厢房 1 座、窑洞 2 孔。西厢房为硬山砖木结构，小灰瓦顶，土坯墙，单坡。窑洞为红石裱窑脸，红砖裱门脸，上有晒台，砖瓦构筑几何图案。

王志辉宅院

王志辉宅院坐北朝南，原为二进院，南北长 29 米，东西宽 13 米。现存倒座、前院西耳房、后院东厢房、窑洞 3 孔。倒座为硬山砖木结构，门楣上有砖石雕刻花纹，有二层棚板，

海上桥传统民居之四　曹振普　摄

海上桥传统民居之五　曹振普　摄

主脊、侧脊有纹饰。耳房为平顶，砖木结构，青石檐板，青砖砌筑。后院东厢房面阔 3 间，硬山砖木结构，小灰瓦顶，土坯墙，有二层棚板，二层开窗，单坡房。窑洞 3 孔，砖石结构，二层有晒台。

王长堆宅院

王长堆宅院坐北朝南，南北长 28 米，东西宽 10 米。现存窑洞两孔，面阔 18 米，进深 10 米。红砖裱窑脸，青砖裱门脸，二层有晒台。

王荣卿宅院

王荣卿宅院坐北朝南，南北长 21 米，东西宽 15 米，为清代建筑。现存倒座、东厢房各一座，窑洞 5 孔。倒座为四间一过道，硬山砖木结构，砖筑土坯墙，门楣上有木雕，大脊带有花纹。东厢房为面阔两间，硬山砖木结构，砖石筑墙。窑洞 5 孔，砖裱门脸，青石裱窑脸，有晒台。

王茂恩宅院

王茂恩宅院坐北朝南，原为二进院，南北长 30 米，东西宽 10 米。现存倒座 1 座，窑洞两孔。倒座为硬山砖木结构，小灰瓦顶，砖石砌墙，开有两窗，主脊、侧脊有纹饰、龙头装饰，门宽 3 米，有屋檐走廊，二层棚板上可放物品。窑洞为青砖裱门脸，红砖裱窑脸，二层、三层有晒台。

王耀州宅院

王耀州宅院坐北朝南，现存窑洞 1 孔。面阔 12 米，进深 10 米，高约 8 米。红石筑墙，砖砌几何图案。

海上桥传统民居之六 曹振普 摄

王长克宅院

王长克宅院坐北向南，南北长 31 米，东西宽 10 米。现存窑洞两孔，为清代修建，面阔 10 米，进深 10 米，高约 8 米。红砖裱门脸，青石裱窑脸，东角上有小门，可上二层晒台。

张现华宅院

张现华宅院坐西朝东，现存窑洞 2 孔。窑洞面阔 8 米，进深 10 米，红石裱窑脸，青砖裱门脸。

王黑宅院

王黑宅院坐东北朝西南，整个院落长 29 米，宽 17 米，属于清代建筑。现存倒座，窑洞 3 孔。倒座面阔 8 米，进深 10.6 米，为硬山砖木结构。窑洞青石裱窑脸，有晒台。

刘建周宅院

刘建周宅院坐西朝东，东西长 16 米，南北宽 15 米。窑洞 2 孔，面阔 15 米，进深 10 米。青石红砖裱窑脸，门脸、门楣有石刻花纹。

张建州宅院

张建州宅院坐西朝东，东西长 23 米，南北宽 12 米。倒座为硬山砖木结构，三间一过道，砖筑土坯墙，大脊、侧脊有花纹。窑洞两孔，为砖石裱门脸，有晒台，青砖筑成。

药铺院（海上桥大队部旧址）

药铺院（海上桥大队部旧址）现存厢房一座。面阔 9 米，进深 4 米，硬山砖木结构，小灰瓦顶，红石基础，砖石筑墙，大脊上有缠枝花纹，二层开有小窗。

古井 曹振普 摄

古 井

古井位于海上桥村 6 组，井上建有 1 孔坐北朝南窑洞，面阔 5 米，进深 3 米。井口呈正方形，深约 35 米。井台上架有辘轳，有钢丝井绳。井水清凛，尚在使用。

祠 堂

王家祠堂

王家祠堂坐西朝东，东西长 19.5 米，南北宽 11.5 米。现存倒座 1 座、南厢房 1 座、窑洞 3 孔。倒座现为村供销社。硬山砖木结构，小灰瓦盖顶。南厢房为硬山砖木结构，单坡房，红石基础，砖筑土坯墙，小灰瓦顶。窑洞为砖石裱窑脸，二层有晒台，青砖筑几何图形。

庙 宇

关帝庙

关帝庙位于海上桥村村委院后部，现存3孔坐西朝东的窑洞，窑洞石砌窑脸，进深5~8米。窑脸上镶嵌石碣3方、石碑3通，窑洞北侧有石碑1通。这些碑刻记载了当时民间祭祀的风俗。

大劫文碑

碑残，高1米，宽0.52米，厚0.30米。清光绪六年（1880年）立，原存关帝庙。碑文记载了清光绪元年至五年（1875—1879年）当地灾荒之悲惨情景。此碑文可与民国26年（1937年）《巩县志》所记载的巩县灾荒事迹相印证：光绪元年（1875年）秋七月，大旱，禾枯死。光绪二年（1876年），春、夏大旱。自去冬无雪，麦苗枯槁。光绪三年

关帝庙　曹振普　摄

（1877 年），连岁凶荒，饥民充斥。秋冬大饥，人相食。自去冬至春，民间以麦苗、榆皮为食，渐及树叶、蒺藜。秋冬后，多鬻妻弃子，杀戮牛马六畜，甚有食及同类者，饿莩横野，流亡载道，村落为墟。光绪四年（1878 年），大疫，凡赤贫、极贫者，三年已十死八九。光绪四年（1878 年）入春以来，因疫而死者更无数。

1963 年，巩县人民政府将大劫文碑列为巩县文物保护单位，现存巩义市博物馆。碑文如下。

大劫文

大劫层层甚非常，西跋东奔无乐疆。蹙蹙靡骋，顾瞻四方。旱魃为虐，赤地净光。不比那廿七曰馑曰饥，怎比那十八五十为凶为荒。谨按光绪年间，境宽时长，东至齐鲁之界，西至陕甘一方，北至天津、归化，南至禹城、襄阳。元年至五，稼穑作痒，蕴隆虫虫，俾民卒狂。两银足数七升米，文银五分一斗糠。千里不见烟火迹，四境难闻晓鸡唱。人人鹄面鸠形，个个刮肚搜肠。家家尘饭土羹，户户损屋拆房。见了些刁诈人作商，水拌麦，米掺糠，沙石细土入杂粮。只求一时富有，不思后世下场。见了些茕独人凄凉，莱作粥，水作汤，榆皮蒺藜作膏粱。这都是素日繁华，不积余粮。见了些失义人不臧，夫鬻妻，子卖娘，少妇弱女奔他乡。这都是素日风流，淫佚乡党。见了些浪荡人翱翔，男引女，女诱郎，贞妇静女廉耻丧。这都是素行惫德，乱伦败常。层层报应真不爽，天心至公分莠良。善有余庆不须论，恶者降灾甚悽怆。土地人物人做主，五谷杂粮价高强。产业尽弃，器皿都丧，劫仍未满命难望。此讨彼乞，求饭借粮。朝收暮逐，甚无主张。今张昨李，各自寻郎。白面书生，周旋市上，呼一声爷爷奶奶，狠心人并无杯饭少施；红粉佳人，辗转道旁，叫几次爹爹娘娘，狠心贼直无一文之赏。老弱转于沟壑，壮者散之四方。体露集间，尸横野场。父啖子肉，妻抛夫肠，各自为食，更甚豺狼。有司急文告我皇，秉心宣猷，考慎其相，以民移粟，拔糟发帑。会绅耆费心肠，假劳神思设粥厂，分官票撒签杖，恩及近地，苦被远方。匍匐求食身危丧，席卷无几，狗食可伤。抬埋死尸道路旁，无论男女老少，哪管士农工商，狸食蝇又嘬，气冲人病亡。善恶分明报，平旦须暗想。若能改过自新，天即转灾为祥。虽有那刁诈人儿还昌，繁华人儿寿长，其先祖必有余庆，庆尽则殃。监察分明，赏罚至当。人尚乎由行，人尚乎由行。

大清光绪六年岁次庚辰十二月中浣吉日

大劫文碑　曹振普　摄

风土民情

美食小吃

枣花馍

海上桥村传统小吃。红枣用热水泡 1 小时，去核。面粉中加入鸡蛋，再倒入红糖水，搅拌均匀。发好面后，做成面团，嵌入红枣，放入笼屉蒸 30 分钟，香甜可口。

枣花馍 邵保华 摄

烩 面

海上桥村特色面食。用本地旱地小麦制成面粉，加入鸡蛋清和盐制成烩面坯，用大骨和老母鸡熬制成高汤，烩面坯经拉制后下入汤中，加适量配菜，达到汤宽面筋的效果后，加入传统酱肉而成，味道浓厚，回味无穷。

土特名产

红薯粉条

海上桥村红薯种植面积 400 余亩，每亩可收 3000 斤。将红薯洗净后，制成小块儿，放入石磨中，磨出粉浆，人工分离渣浆，制成红薯淀粉。在大锅中加水，将红薯淀粉熬制成糊状，放入容器中拉成长条，在水中冷却，搭在特质架子上自然风干，可成红薯粉条。红薯粉条吃起来光滑爽口，是老百姓餐桌上的一道美味佳肴。

香 油

选用海上桥村芝麻，采用传统古法，石磨磨酱，铁锅萃取。在磨制过程中低温低压，有效保留了香油中的芳香味物质及功能性营养成分。采用物理净化技术，经多次过滤、沉淀，滤掉香油中杂质。净化后小磨香油外观晶莹剔透，营养丰富，品味纯正。

小米 邵保华 摄

小 米

海上桥村特别适合种植谷子，全村谷子种植面积 300 余亩。加工出来的小米颜色金黄，性平、甘凉，煲出的米汤色泽金黄，香气扑鼻。

柿子 邵保华 摄

柿子饼

海上桥村的柿子格外甘甜，将熟透的柿子去皮后和石磨面、玉米面搅拌均匀，拍成饼状，在煎锅上烙成柿子饼，果香四溢。吃到嘴里有股嚼劲，既有玉米、麦香味儿，又有柿子的甜果味儿。

生活习俗

婚嫁习俗

提 亲 婚姻一直沿袭“父母之命，媒妁之言”，先由媒人提亲，男方再向女方提婚。改革开放以来，倡导婚恋自由，婚姻之事由男女双方谈好，再经双方家庭商量确定下来。

相 亲 经媒人说合之后，男方及长辈到女方家中做客，女方用鸡蛋茶（清水炖鸡蛋）招待，一般相亲后这门亲事就基本算定下来了。

订 亲 俗称“换手巾”，相亲后，择吉日与女方订亲，参与人员都是双方家族至亲。

订亲仪式上，男方长辈要给女方发红包。此时男女双方正式改口叫对方父母及长辈，然后交换礼物。早年间是男、女互换手绢，作为定情物。至此婚事正式确定，双方互称儿女“亲家”。订婚后，男方依双方生辰八字选定结婚日期。

送　好　确定结婚日期后，男方将写有婚期的帖子择日送到女方家，所带礼品用红包袱包裹。随后几日，男方要答谢媒人，给媒人送一双鞋，感谢撮合。

搁　桌　婚礼前一天下午，男方到女方家拉嫁妆，又叫搁桌。女方传统嫁妆是柜箱、妆柜、衣架等。改革开放后，逐渐演变成生活电器、小轿车之类。搁桌物品有喜糖、烟、酒和礼肉。男方主事人和女方主事人商议迎娶细节，随后男方拉回嫁妆。

婚　礼　婚礼当天，男方出门要吃一个红皮鸡蛋，一碗饺子，预示娶亲一路顺利圆满。迎亲队伍由新郎、夹毡（男方主事人）、娶者（一对夫妻）、伴郎、礼炮手等组成。到女方家迎娶新娘，一对新人拜别女方长辈。女方送亲队伍包括长辈或兄弟一人、送者（对应娶者）、伴娘等。婚礼仪式一般在中午前开始，新郎新娘拜天地、拜高堂、夫妻对拜之后入洞房，婚礼仪式正式结束。

闹洞房　又叫吃四盘菜。婚礼当天晚上闹洞房，要吃四盘菜。新娘被请出洞房，和新郎立于一桌前，桌上放四盘菜，两荤两素，亲朋和新郎新娘说笑热闹一番。

生诞喜庆

吃喜面　又叫做满月。妇女生孩子后，男方要到女方家报喜，送喜肉、喜酒，女方回红鸡蛋，同时告知亲朋好友做满月日期。做满月时，女方长辈送大蒸馍、新被褥、小孩衣服等，男方办宴席，亲朋好友为孩子送上祝福。

过生日　又叫庆生，中午吃面条。60岁以上老人庆祝寿诞叫祝寿，子女献寿桃（四斤重），内亲、厚友送衣、鞋、寿幛、寿联等，亲友送匾额，如“耆年渊德”（男）“节寿并高”（女）等。主家请吃寿面，寿翁撒寿钱、寿糖。

20世纪90年代初海上桥村婚俗　刘伟供图

岁时节俗

春 节

农历正月初一，俗称“过年”。海上桥村村民的春节活动从腊月下旬开始，一直延续到正月中旬，是本村最隆重的节日。进入腊月，尤其小年后，各家开始采购年货，以备春节享用。民间谚云：“二十三，祭灶官；二十四，扫窑洞；二十五，磨豆腐；二十六，宰肉猪；二十七，杀年鸡；二十八，贴年画；二十九，蒸馒头；年三十，包饺子。”节前安排忙碌而有序。除夕守岁，包年夜饺子，拜年，烧香祭神。正月初一开始是互相拜年、走亲访友的日子。社戏等民间娱乐活动也从初一开始，一直延续到正月十九，年味方尽。

元宵节

农历正月十五，寓意一元复始，大地回春。传统习俗吃元宵，象征一家人团圆和睦，幸福美满。

春节 曹振普 摄

二月二

“二月二，龙抬头。”传说农历二月初二，是天上主管云雨的龙王抬头的日子，从此开始，雨水渐多，天气转暖，春雷催雨，万物复苏。农村有“二月二，吃炒豆”的习俗，中午则吃油炸食品。人们还会选择在这天剃头理发，图个好兆头。

清明节

公历 4 月 5 日左右，是中华民族扫墓祭祀、缅怀祖先的传统节日，有利于弘扬孝道亲情、唤醒家族共同记忆，促进家族成员乃至民族的凝聚力和认同感。

端午节

农历五月初五，又称“端阳节”。当天早上，家人给小孩手腕、脚腕佩戴五色线，身上佩戴香草袋，寓意免毒虫伤害，虎虎生威，健康成长。海上桥村有吃粽子、门上插艾蒿、炸糖糕和菜角、娘家人到出嫁姑娘家走亲戚的习俗。

七　夕

农历七月初七。相传，这个夜晚是天上织女与牛郎在鹊桥相会之时，是我国传统节日中最具浪漫色彩的一个节日。传统上世间有情男女都会在这个晚上，对着星空祈祷姻缘美满幸福。

中秋节

农历八月十五，称“中秋节”。八月十五中秋之夜，明月高照，秋高气爽，农家小院摆上月饼瓜果，祭月赏月，喜庆丰收，阖家团圆。人们把圆月视为团圆美满的象征，所以也叫“团圆节”。

重阳节

农历九月初九，称“重阳节”。当日，民间有出游赏景、登高远眺、观赏菊花等习俗。

腊　八

农历腊月初八。腊八节是用来祭祀祖先，祈求丰收和吉祥的节日。海上桥村有喝腊八粥、泡腊八蒜的习俗。

祭　灶

农历腊月二十三，又称“小年”，这天是民间祭祀灶王爷的日子。传说这一天灶王爷要上天向玉皇大帝禀报民间善恶之事，请玉皇大帝赏罚。为了让灶王爷在玉皇大帝面前多进吉言，上天言好事，回宫降吉祥，要在灶王爷上天之前敬上灶糖。

民间艺术

腰　鼓

腰鼓是海上桥人民群众喜闻乐见的一种表演形式。人们跳着腰鼓舞，变换队形，或向前行走，或在一个场地内边舞边敲。腰鼓属打击乐器，鼓框上有环，绸带悬挂在腰间。演奏时双手执鼓槌击奏，并伴有舞蹈动作，多于喜庆节日表演。

秧　歌

秧歌是海上桥村最常见的一种集体舞。用锣、鼓等伴奏，融舞蹈、歌唱等为一体。舞者一般扮成各种人物，手持扇子、手帕或彩绸等起舞，多在街头或广场表演。

旱船

旱船是模拟水中行船的民间舞蹈。旱船是依照船的外观形状制成的木架，四周围有蓝色棉布裙，上面有红绸、纸花等装饰物。旱船表演一般使用锣、鼓、钹等打击乐器，祈求来年风调雨顺、大吉大利，多在逢年过节表演。

高跷

因舞蹈时脚踩踏木跷而得名。表演人数不等，舞者多扮演某个古代神话或历史故事中的人物，服饰模仿戏曲行头，常用道具有扇子、手绢、木棍、刀枪等。或单独演出，或和秧歌、旱船一同演出。

犟驴

道具由竹竿做成驴形，外以黑布装饰。表演人站立在驴子中间，步伐为马步和碎步。通过牵驴人双手做扭、拉、按等动作表现驴子的犟劲，十分风趣、幽默，多在逢年过节表演。

方言土语

称谓

父亲：称大、爹、爸爸、伯伯。

母亲：称娘、妈妈，向他人讲话时偶尔称母亲。

叔父：称叔叔。亲叔叔带排行序数，如二叔、三叔等；邻居带名，如某某叔。

婶母：称婶婶。亲婶婶带排行序数，如二婶、三婶等。

祖父：称爷爷。

祖母：称奶奶。

外祖父：称外爷。

外祖母：称外婆。

岳父：对丈人的称呼，见面时随妻子称呼。

岳母：对丈母娘的称呼，见面时随妻子称呼。

公公：对丈夫的父亲的称呼，见面时随丈夫称呼。

婆婆：对丈夫的母亲的称呼，见面时随丈夫称呼。

丈夫：称老头、当家的、孩子他爹、孩子他爸。

媳妇：称秀子，与旁人说话时称“俺秀子”，也有直呼名字的。

儿子：称孩子、小孩，孩子多的排行按序号称老大、老二、老三等。

女儿：称闺女、妞，有的称姑娘、丫头。

内兄：对妻子胞兄的称呼，也称大舅子，见面时随妻子称呼。

内弟：对妻子胞弟的称呼，也称小舅子，见面时随妻子称呼。

妻姐：对妻子胞姐的称呼，也称大姨子。

妻妹：对妻子胞妹的称呼，也称小姨子。

老太太：对年龄大的女性的尊称。

老大爷：对年龄大的男性的尊称。

姑娘：对未婚女子的统称。

谚 语

种地不上粪，等于瞎胡混。

巧犁耙，不如拙上粪。

麦收一张犁，秋收一张锄。

麦收八、十、三场雨。

七大八小，九月种蒜长不老。

处暑不露头，铡铡喂黄牛。

八月雷霆发，大旱一百八。

八月十五云遮月，正月十六雪打灯。

菊花开，乱撒麦。

楼铃响，柿子长。

头伏萝卜末伏芥。

地皮冻，萝卜挣。

清明前后，种瓜得豆。

清明秫秫谷雨花，立夏前后栽地瓜。

湿锄玉米干锄花，漓淋下雨出芝麻。

庄稼一枝花，全靠粪当家。

参不落，地不冻，有籽只管种。

打春一百，下镰割麦。

不怕初一阴，只怕初二下。

三伏不受旱，一亩打九石（dàn）。

头伏有雨二伏旱，三伏连阴吃饱饭。

人在屋里热得跳，禾在地里哈哈笑。

春旱不算旱，秋旱减一半。

头伏萝卜二伏芥，三伏有雨种白菜。

下镰割麦　曹振普　摄

歇后语

王五过年——要啥没啥

大水冲了龙王庙——一家人不认得一家人

犁地淹死牛——墒透了

剃头的扁担——不长

药铺门前拍手——没法

八亩地里一颗谷——独苗

中秋的月亮——正大光明

掉了毛的刷子——有板有眼

艺文

LOCAL RECORDS OF HAISHANGQIAO

田仙的传说

田仙，字净意，人称田老夫子。由于他行动离奇神秘，故人称田仙。顾名思义，“净”者“入净”，“意”者“凝神”也。田仙是位擅长医术的仙师。

海上桥村东，有一学堂（现在叫学院地）。该处自然清幽，风光旖旎，地势呈环月状，分上下两院：上院为文院，备修经文；下院为武院，教习武功。上下有土窑数十孔，上院正下有一天窑，墙壁粉刷，常年整洁无尘，是田仙隐居之处。

田仙善医术、卜术，求医者求之病除，求卜者求之灵验。求者络绎不绝。

田仙学识渊博，善通文墨。业儒诸生将写好的文章呈求考评，有求必应，删改无不尽意尽心。办法是将原稿文放到天窑桌上，并摆齐酒菜四味，美酒一壶。烧香礼拜后退出，将窑门关上，任何人不准偷看。

第二天，开门看时，朱笔所批，增删极为得当，考取功名有望。所以，四方名流拜为门下弟子的，不计其数。

田仙善书法，海上桥村一王姓农民，珍藏他书写四扇屏一套，内容为劝戒酒色财气。书法造诣颇高，其书如行云流水，淋漓有神，颇具名家之风。该字屏一直保存到 1966 年，被烧毁四幅，现尚存半幅。

村中有一人名叫王和，异想天开，总想将田仙看个明白。一日夜静更深，他潜伏门外，眼前窑内突然明亮，他隔门缝，看见一个白须白发老人，坐案前，全神贯注，奋笔疾书。

王和一时喉痒，轻微一声咳嗽。窑内顿时灯灭乌黑，直到天亮，再没动静。原放纸八幅，只写四幅半。从此，村民有求，再不灵验。扶乩邀请，沙盘留字：此地不便隐留，转赴汜水。

众弟子对王和极不满，纷纷怒骂斥责他，叫他王赖货。

田仙著有医书《瘟疫安怀集》《育婴集》和时文《鹿鸣集》三书，其中两医书木刻印本在巩义被不少医生收藏，《鹿鸣集》已失传。

摘自《史话巩义》

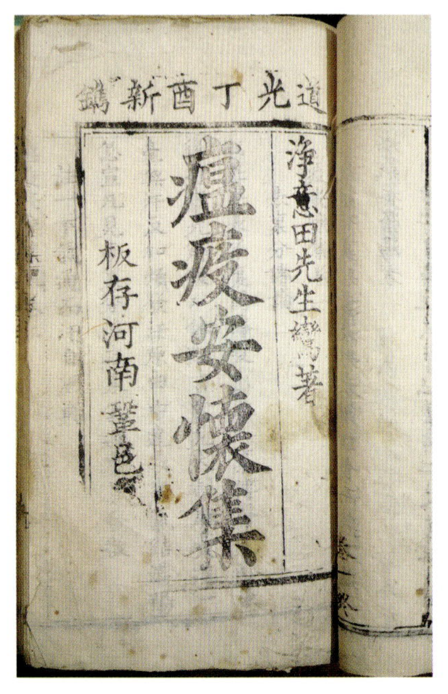

《瘟疫安怀集》

名人与名村

LOCAL RECORDS OF HAISHANGQIAO

张光华

张光华（1928—1950 年），中国共产党党员，海上桥村第 14 村民组人。1948 年，参加革命，1950 年，参加抗美援朝战争，先后在中国人民志愿军某部运输连任班长及排长等职。1950 年 12 月，在朝鲜金城中山里牺牲。

曹振普

曹振普（1963—1989 年），中国共产党党员，海上桥村第 9 村民组人。1981 年 1 月应征入伍，在山西省忻州市某部二营任助理员，1988 年 11 月加入中国共产党。1989 年 9 月 30 日在山西省忻州市为保护儿童生命英勇献身，年仅 26 岁。

王广亚

王广亚（1922—2015 年），男，汉族，祖籍河南省巩义市大峪沟镇海上桥村。1948 年开启办学之路，曾担任台湾私立教育事业协会理事长近 30 年，获选为台湾第一届十大杰出教育事业家。王广亚毕业于日本亚细亚大学经济系，1977 年获美国加州联合大学荣誉教育博士，1997 年获韩国清州大学校名誉经营学博士，2009 年获韩国南部大学校名誉哲学博士，2010 年获日本创价大学名誉博士。

王广亚先生　郑州商学院供图

心怀爱国之情，情系教育事业。王广亚从小受到中国优秀传统文化的熏陶，积淀了朴素的爱国思想和情感。20 世纪 90 年代初，他顺应改革开放大潮，回到家乡助学助困、修路架桥，做了大量公益事业。1993 年，他在河南新郑市创办了郑州升达经贸管理学院，成为民办本科教育的先行者。此后在北京、内蒙古等地创办学校。王广亚最想要做的是回馈桑梓、奉献家乡，于 2004 年不顾 83 岁高龄，克服重重困难，毅然回到出生地巩义市，高起点、高标准地捐资创办了郑州商学院，实现了“在桑梓中回馈桑梓”的夙愿，扎根小城办大学，开创了巩义市高等教育的先河。

弘扬传统文化，凝练教学理念。在办学实践中，王广亚注重总结办学经验，凝练探索出较为系统、内涵丰富的教育理念：“伦理、创新、品质、绩效”的办学理念，“爱国爱校、宁静好学、礼让整洁”的办学精神，“勤俭、朴实、自力、更生”的校训，“计划创新、执行彻底、考核严谨、赏罚分明”的行事准则，“要有好的师资、好的设备、好的制度、好的管理、好的福利”的办学原则等。

郑州商学院校园　郑州商学院供图

王广亚编撰书籍 50 余部、数百万言，主要有《我的大学理念》《三本教育思想》《广亚锦言拾粹》《成功与我》《育达与我》《升达与我》《成功与失败》《进德与修业》《杏坛纵横》《教育行政》《商业与心理》《人生拾零》等。王广亚创办学校 10 所，涵盖幼儿园、中小学、大学等不同层次，累计培养学子百余万人。

王广亚先后被授予“全国教育行业最具影响力人物”“中国突出贡献教育人物”“中国教育事业领军人物”“感动中原 60 年 60 人”“中原之子”“黄河之子”等称号，获得“中国民办教育终身成就奖”“新中国成立 70 周年‘河南省突出贡献教育人物’特别奖”等奖项。

印象海上桥

LOCAL RECORDS OF HAISHANGQIAO

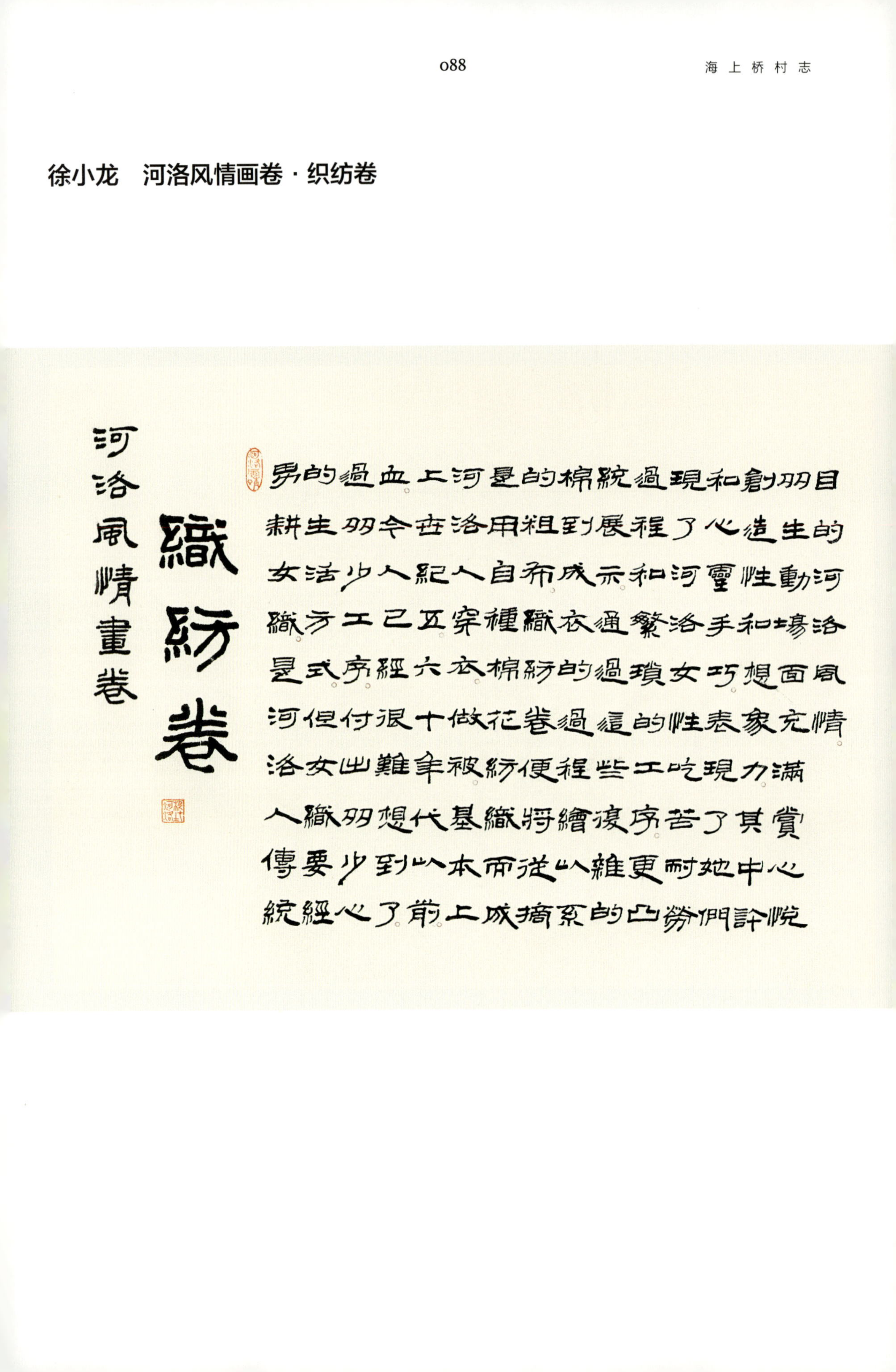

徐小龙　河洛风情画卷·织纺卷

河洛風情畫卷

織紡卷

「千里做官為
了吃穿」吃穿
乃人類生存
的起碼條件
吃和穿皆源
於土地種田
的有吃的種
棉的有穿
的十月十一月
棉花地裏雪
似的潔白
娘兒們大包
被小包被採
摘回家准備
為家人添
置新衣

將採摘的棉花加工頭道工序——軋花，起剝去棉籽的作用，除掉棉籽的棉花，叫皮棉，若計算產量應以皮棉數量為准，剝掉的棉籽，即棉花種子，撿出飽滿的存起來，供來年下種，餘下的軋油吃，其味道特佳。

弹花是把皮棉棉絮
其工具为弹花弓木弓上装皮弦一根用弹花锤敲击皮弦靠皮弦的弹颤使皮棉变绒如云团一般
弹过的棉花可直接用于装棉袄装棉被或用于纺线
纺线之前先把弹好的棉花搓成捻子花筱撮作好纺线准备

把纺好的穗子框成缕為將线作好準備此工序為框线
有了花筳搬架起纺花車纺穗子。纺线時两手不閑，一手攪車，一手抽线，两手的配合至関重要。抽拉過快，线就不结實，過慢又太粗，不均匀，甚者抽不出线来。

打漿子
漿糊俗稱
架火打成
為揉綫
漿此工序
都均匀浸
有的棉綫
揉搓使所
漿糊充分
濕過放些
綫縷用以
舒框好的

把浆過的
棉线分缕
串在浆线
桿上進行
晾曬用
墜石把线
缕裏的水
分擠出來
並使其垂
量使线缕

作好經线的準備此工序稱之為倒线
把漿好的棉线分別倒在樾上

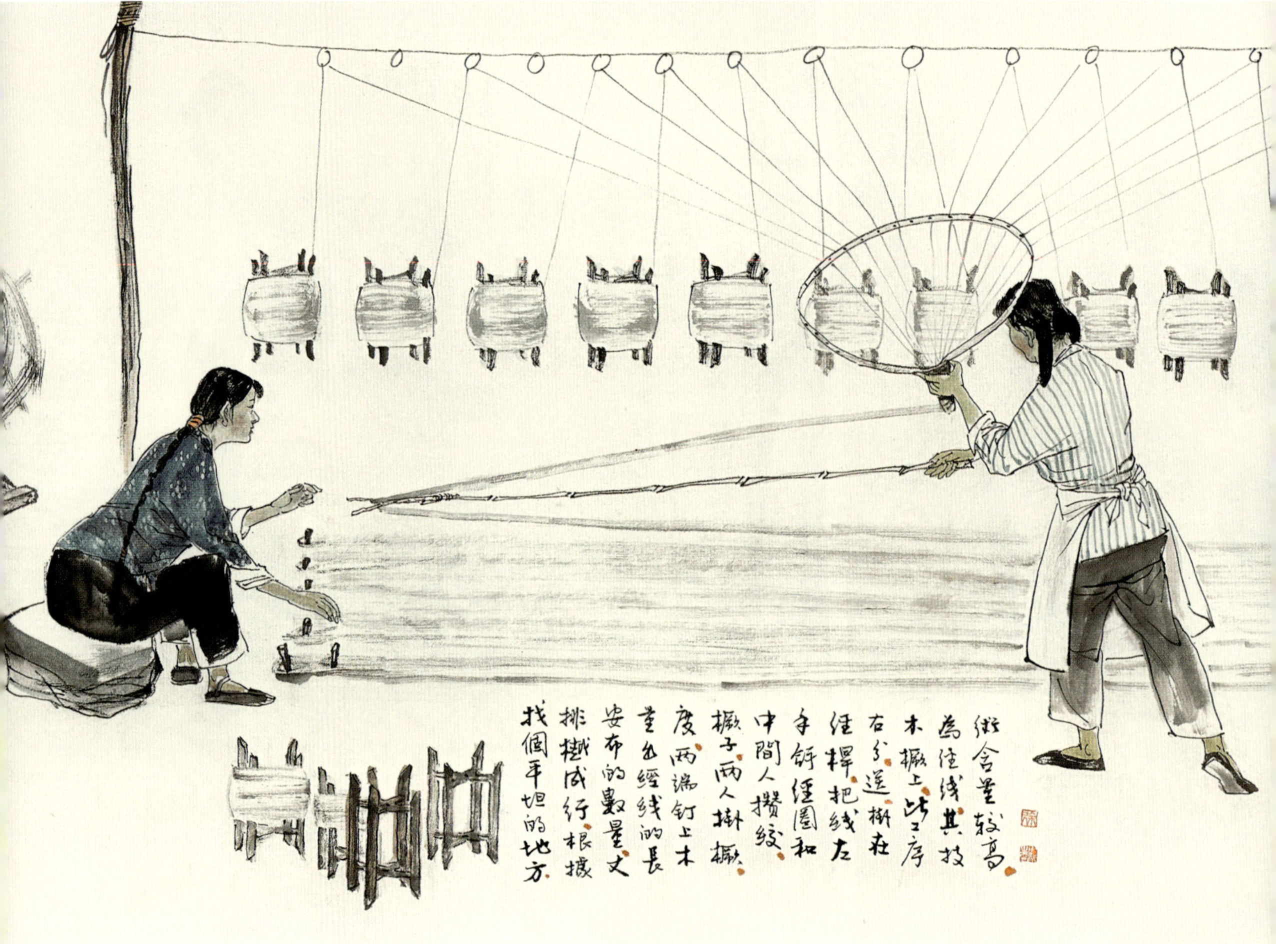
纖含量較高
為經线其技
木撇上些々序
右分送撕在
經桿把线左
手餅經圈和
中間人攢絞
撇子兩人掛撇
度兩端钉上木
量出經线的長
安布的數量丈
排撇成行根據
找個平坦的地方

根據安布的布面寬窄、布演
的稀密進行疏擇，此工序為經布
的序曲，隨時使用
作用在於理布
時使經線
理順

把纏繞成
圈的經線
放在木鷄
上壓上重
石遠遠放
在篋子的
正前方成
垂直角度
一人調理經
線一人卷篋
子靠木鷄
的重量
和阻力
緩緩把經
線卷上
篋子均
勻致實
為其標
準經布
是安布
的重要
環節絲
毫大意
不得

线故障造成麻烦
经线上機后會生現開
頭掏頭不可紊亂否則
线。一人掏线，次序為掏
一根根穿到繒上。一人遞
卷好了盛子，要把经线

使用俗稱打橞楸
綫上去備織布時
橞楸把緯綫纏
截二寸長的細竹做
的優美加上
動作舞蹈似
前傾後仰其
伸右縮腰身
布來兩臂左
富的女人織起
活計經驗豐
眼手腳並用的
開始織布那是
安機上機之後

織布聲
快慢了
序高低
有韵像
聞一首詩
聽一首歌
有滋有
味
牡丹石榴蓮
花等諸多圖
案的印花布
為河洛地區
的代表作舒
油布依設
計圖案鏤
空成版用石
灰麵粉攪拌
成印糊印版
放白布表面
用刮子將糊
狀物刮露上
去此印為
印花工序

把印上花纹的布料

染煮之後掛起
來晾曬長長的布條子在微風中
飄動深深藍色的布和碧藍色
的天空相映襯下顯得格外厚
重樸實和醒目
待乾後去掉原來
的印痕白色花紋自
然顯露美觀大方
確為河海一絕裁一
塊扯一扯捶板正給
俺妞添件新衣

愛我的寶貝
針針線線滙成一句話
母親千針縫萬線穿
「慈母手中綫 遊子身上衣」

自豪
伴妒忌的目光更覺神氣和
新裝更顯得秀美漂亮在女
「人是衣裳馬是鞍韉」女兒着上
徐氏小龍於滬淌寫之

徐小龙　河洛风情画卷·强身卷

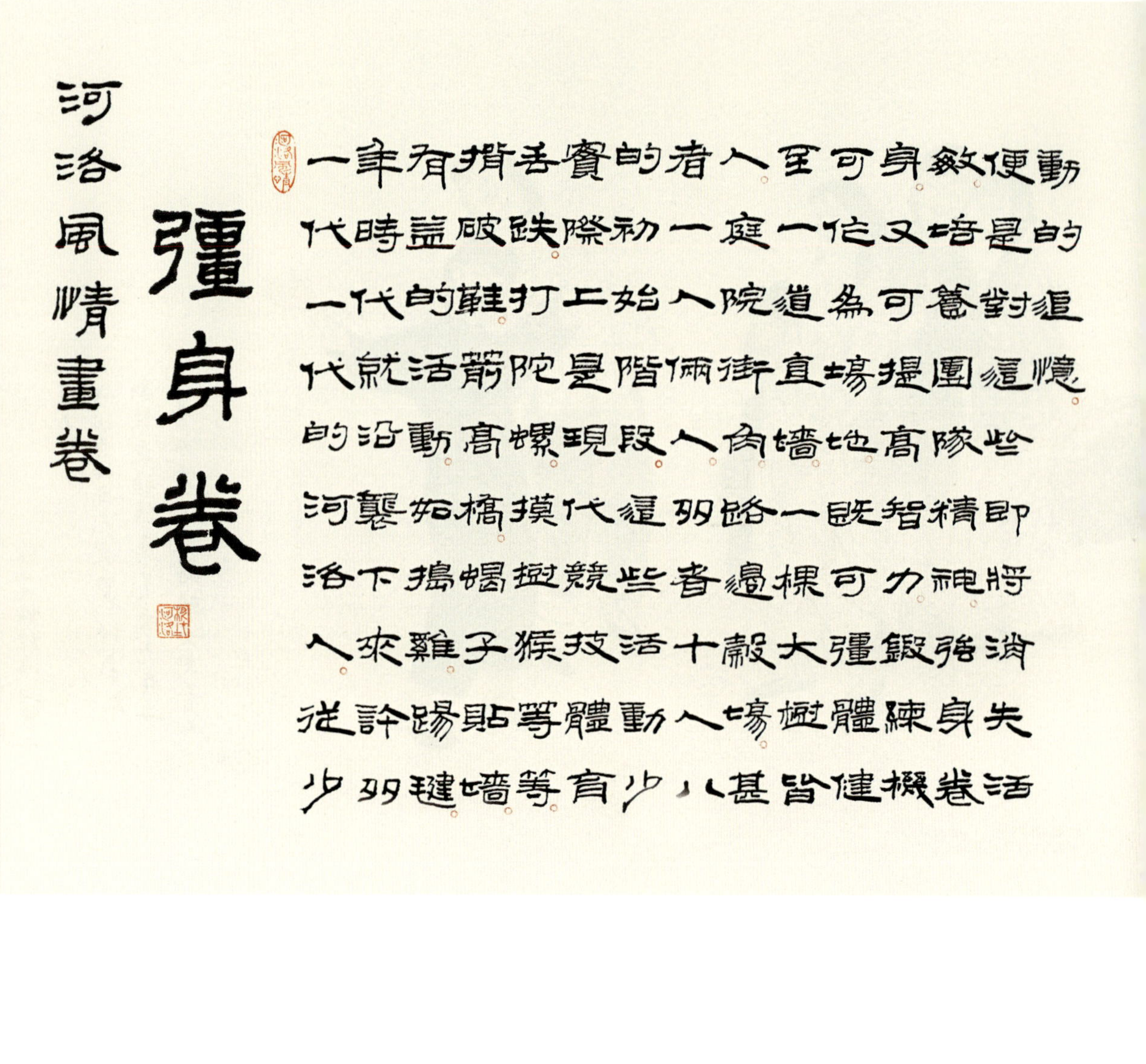

河洛風情畫卷

彊身卷

一代一代的河洛人從少年時代就沿襲下來許多有益的活動，如搗雞、踢毽、揹破鞋、箭高橋、蝎子貼墻、吾跌、打陀螺、摸樹猴等等，實際上是現代競技體育的初始階段。這些活動少者一人倆人，多者十人八人。庭院、街角、路邊、穀場，甚至一道直墻、一棵大樹，皆可作為場地，既可彊體健身，又可提高智力，鍛練機敏，培養團隊精神。強身卷便是對這些即將消失活動的追憶。

幹活路累了歇
一會兒來比比力
氣丟一跌體格
懸殊者一個頂倆
讓你摟後腰讓
他搬腿雙腳不
移如立地金剛任
你摔任你掀絲
毫不動穩如泰
山

就地取材
玩中受益
蝎子粘墻
的倒立姿
式可練
臂力對
血液的上
行也有一
定帮助

蝎子爬爬
軟腰舒
鼎倒立翻
跟斗均益於
孩子們的體
能訓練
不知不
覺中
達到
強身
健體
之功
效
擲子是女孩子
喜歡玩耍的活
動項目之一四
顆六顆八顆不
等其中擲接
撿摸背多
種手法和
規矩能夠
訓練腦眼
手的相互
配合「擲子
打毛線學
不了好臉色」
大人們告戒
女孩不可過
餘貪玩針

搗鷄為兩個人較量的活動。開始比賽的兩人各曲起一條腿由另一條腿着地蹦達，然後手抱曲腿，拉開距離，相互冲撞，有挑、壓、顛等諸多技巧，倒地者或雙脚着地者輸給對方

伙伴們统。脱掉
鞋子來赶雙足
舒一隻相對壘
成鷄窩留下另一
隻參加比賽距
鷄窩一定距離
劃上一條直线此
為比賽位置排
列站在线上弓腰
兩手着地呈狗爬
狀腳跟
和鞋跟
緊接
然後
用力
曲腿
將鞋
子越
過自個
的身
體背先找背
得遠近排次序
扔鞋子搗鷄窩
鷄窩倒塌此局
结束第二局
開始

之景煞是美
舞飛鳥穿空
有點金鷄起
等、踢起來
踢後跳至踢
腳尖里踢外
作很多膝蓋
了踢毽子的動
樣輕易地完成
丟的毽子就這
入鷄棲一個好
銅錢上插鷄毛
棲豎立固定在
廊縫結實將鷄
花色起來沿輪
找枚銅錢用布

雙人蹦繩兩人
一組倆人掄倆人
同時蹦繩計蹦
跳次數比較優
劣如果有絆繩
跳：跳不過去者即
敗由另一組接
替此項活動
益於彈跳能
力的訓練此
活動兩人的配
合至關重要
默契是勝
利關鍵

動之一
孩子喜歡的活
少不定此為比
蹦跳的次數多
多種勝負依
蹦單腳蹦等
動作有正蹦後
能進行比賽其
其他憑自身技
單蹦要須顧及

猫逮老鼠
也叫老鷹
抓小鷄是
一项多人游
戲猫千方
百計逮鼠
尾鼠頭想
方設法去
阻止它由
於首尾的
擺動幅度
較大中間
容易斷開
鬆手者自
然為輸否
則猫必須抓
住鼠尾才
贏由鼠尾
當猫

河岔地頭橋樹生
長着適宜枝椏
縱橫樹枝粗壯
給孩子們提供了
天然的活動器材
為摸樹猴的理想
樹種一群頑皮的
猴子在樹間跳來
攀去蒙住雙眼
的「瞎子」要抓住
猴子說何容易
千萬要注意安
全別踩斷了樹枝
手要抓牢別掉
下樹來
拔撅為選拔
「瞎子」的有效
方法第二個
「瞎子」由被抓
猴子充當

隨時隨地拾起
巴掌大小的瓦片
地上劃些方格
子便可以進
行比賽了已
於比賽規則
可臨時商定
格格踏隔格
踏斜格踏場
凡壓格者
敗雙腳
座地者
敗
摸個
人坐
新開始
擺方主棋担担抬抬牛角
尖還有屎茅缸輸了必
須吐口唾沫進茅缸
廁一泡以示懲罰此為
開發智力的游戲

利用廢桶箍
再找根鐵絲
彎個鉤推起
鐵環滿地跑
你追我趕環
環相撞環似
飛輪人似燕這
可是鍛煉的好
機會

秋〻人躺地上蹬車輪轉
動打秋者坎坷旋轉十
刺激

石滾上安裝
橫木、橫木兩
端吊上牛索
頭坐上倆人轉
動起來狗撵
鷄、鷄撵狗、
趣味橫生樂
在其中
丙戌歲小龍
於海納

传统村落与民居保护调查

村落选址特征

海上桥村位于郑州西部的浅山丘陵区，平均海拔 270 米。磨盘山围绕东部，青狮山突起于境，峰峦高耸，石岩连绵。村落沿浅山沟壑纵深线性布局，整体地形北高南低，从南边始，层阶而上，环抱着这个有数百年历史的古村落。海上桥村东、西、北三面皆为高峻土岭，南部为沟。天然形成和人工开垦不规则的梯田，沟壑多为白土、砾土、黄土，总体来讲海上桥村土壤地质条件属砂土环境。海上桥村具有“背山面屏”“负阴抱阳”的选址特征，体现出人与自然和谐相处的生存智慧。

村落鸟瞰

村落空间格局

海上桥村周边环境整体地形呈环月状，东北倚靠青狮山，南边有季节性河流，占地面积 22400 平方米。由于海上桥村建在两山之间的高地上，冬天凛冽的北风会被前后的大山挡住，夏天因地处高山遮蔽又十分荫凉，展现了古代村落选址中趋利避害的原则与特征。

海上桥村作为传统村落，从明末开始自然形成历史建筑群。“背山面屏”的格局体现了天人合一的传统人居环境的文化理念。连片分布、高低错落的一栋栋传统的硬山式建筑与窑洞建筑群的结合，体现了因地制宜的建筑方式，是豫西地区“窑院结合”建筑的代表。海上桥村依自然地势而建，虽自发形成却布局合理，由堂庙、街巷、民居、古井等组成家族聚居式的传统村落景象。

海上桥村的传统街巷尺度空间十分舒适宜人，并且不同于一般村落相对规整、严格规划的空间形态，更多地体现了自然的自发形态，依势而建。

村内街巷

公共建筑遗存

寨门寨墙 海上桥村传统村落寨墙修筑于清乾隆、嘉庆年间，沿村边而建。寨墙基础厚5米，到顶宽3米，高平均10米，套板夯实，以夯土堆成。寨门用大青砖砌筑，两边衬包石块和夯土连为一体。门内设更房，派专人值守。

传统村落修筑寨墙以作防止战乱、匪患、猛兽等外部防御之用，寨墙设寨门除了作为重要的防御节点外，还是内外分界的标志和出入村落的主要通道。海上桥村北侧的丘陵台塬与南侧的山谷冲沟形成村落外部的天然防御屏障，东西两侧随山就势修筑寨墙，自然屏障与寨墙共同构筑完整的防御体系，并结合地形与外部交通条件，村落设置东、西、南三座寨门。寨门上原有石匾，东寨门为“晏海”，西寨门为“虹桥”，南寨门为“保和寨”。寨墙寨门的设置在满足古时村落防御需求的同时，增强了村落空间的仪式感与村民的归属感，增强了村落内部社会组织的内聚力。

王家祠堂 海上桥村王家祠堂位于海上桥村村西偏北处，始建于清代中期，坐西向东，总面积256平方米，建筑面积139平方米。现存倒座大房1座，南厢房1间，窑洞3孔。院内中间窑洞有王家始祖碑一通，清同治五年（1866年）清明节立。王家祠堂建于清代，现为海上桥村供销合作社。

王家祠堂建筑物为青砖、蓝瓦、木质结构。窑洞用砖石裱窑脸，青砖在房檐筑几何图形。

关帝庙 关帝庙是重要的民间信仰场所，多为表达古人寄托忠孝信义或求财避灾之追求。位于海上桥村口，坐西向东，始建于清乾隆年间。总面积2250平方米，建筑面积102平方米。建筑有卷棚1座，关公庙2间，戏楼1座，土窑洞4孔。窑洞夹山有碑刻3通。建筑物为石基础、青砖、青瓦、木制结构。

关帝庙原址所在地曾经改建成为村内学校，现作为游客服务中心。西南端保存有3处石碑与1组窑洞，见证着关羽作为民间信仰的精神寄托在海上桥村历史上的地位。

火神庙 始建于清乾隆五十九年（1794年）。因时间久远，风露雨浸，庙院窑内局部塌陷严重，咸丰四年（1854年）进行了第一次修复；1915年、1963年、2013年、2019年先后4次对庙院进行修缮，青石砖铺地。现有窑洞3孔，上嵌碑刻1通。

土地庙 始建于1911年，位于第十二村民组，坐东向西，后被拆毁。2013年群众自行修复。现有窑洞1孔。

古 井 建于清嘉庆年间，是海上桥人从站街迁徙此地后开挖的第一口井。古井方口70厘米，可供几百人饮用。据说打井时因岩层坚硬，出一升石渣给一升米，夜以继日，才得以竣工，距今已近200年。

民居建筑分析

海上桥村古建筑群坐北朝南，大部分建于清中晚期，占地总面积约22400平方米。现存4部分，分4个方向建设，共有窑洞75孔，楼房42座80余间，远远望去，山与村相融，幽静典雅。

院落空间

海上桥村民居院落组合多为窑房院式，一进式和二进式的四合院，且基本形制均以靠崖窑作正房、瓦房或锢窑作厢房、倒座。在有限建造环境中，窑洞与瓦房组合形成的窑房院既可满足人们对两种建筑空间的需求、降低建造成本，又可获得类似本地合院民居的院落布局。

窑房院落

古时按王氏宗族关系分为东院、南院、北院、当中院、里头院的“五院”管理模式。村落整体处于丘陵谷地，民居结合地形分布，院落没有严格按照坐北朝南的方位布局，朝向多为带有一定偏转的坐北朝南或坐西朝东。

海上桥村传统民居建在丘陵谷地的阶梯台地上，营建场地有限，并排分布在同一台地的民居

村落空间

院落多为纵深较长、面阔极为狭窄的窄型院落，同时院落间紧密相连。部分院落利用正房靠崖窑后部黄土台地的高度空间，在一层窑洞顶部平整二层地面，并在二层修筑窑洞或房屋，形成阶梯状的立体院落。这样的立体院落充分利用地形条件，既可增大民居对使用空间的需求，又可增强院落自身的防御层次，还可以利用二层院落满足粮食晾晒等功能需求，是传统民居因地制宜、灵活布局的典型实例。人们辛勤劳作，村中曾有良田千余亩，骡马百余匹，房屋数百间。这种家境殷实、生活富裕、人烟阜盛的景象距今已有近四百年的历史。

窑院民居建筑

窑院建筑由远古穴居发展而来的，逐渐发展演变为现在的窑洞建筑。海上桥村黄土丘陵的地形使民居多以窑洞作为正房。窑洞有着能提供生态舒适的居住环境、节约能源、节约耕地的特点，这一建筑形式在海上桥村得到很好的延续和发展，村内主要有靠崖窑、锢窑两种窑洞形式。

锢窑民居

在平面形式上，海上桥村靠崖窑民居多以三孔窑洞组合出现，类似瓦房民居建筑的三开间。当窑脸面宽过窄无法开挖三孔窑洞时，还会采用窑脸挖设壁龛或窗洞的方式形成类似三个窑洞的形式。单体平面多为外窄内宽的倒梯形，口小底大寓意“聚财”。挖窑技术简单，受地形限制较大，因而平面尺寸比较自由，居民会根据功能需要挖筑相应大小的窑洞，并在单孔窑洞内部需要位置挖壁龛（拐窑）或炕窑。除了作为单窑使用，窑洞内还有前厅后卧式、串联式及母子窑等多种单体平面形式。锢窑在平地上利用砖石、土坯发券建造而成，平面形式上为平行与锢窑朝向的并列连续发券的形式，并通过增加拱券的壁龛来增加使用空间。海上桥村的锢窑基本均作为厢房使用，并列的窑洞数量较为灵活，且通常不讲求窑脸立面的对称构图，因而门居于窑脸的一侧开设，另一侧可开设一个窗户。

在结构形式上，无论是在黄土立壁面开挖的靠崖窑还是平地修筑起来的锢窑，其主要结构形式均为拱券结构。靠崖窑的结构性能主要取决于黄土台塬的立壁性，而锢窑的结构性能来自拱结构将竖向重力分解为竖向承载力与水平推力的结构特性。

窑院建筑的围护结构可以分为外围护结构和内围护结构。外围护结构主要是指窑脸、门窗等。窑洞窑脸常采用砖石砌筑，主要有砖窑脸、砖石混合窑脸两种形式。海上桥村传统窑洞窑脸属豫中地域风格，与陕西、山西等西北地区的窑洞建筑有较大不同，具有较为明显的本地特色。窑脸通常仅留较小的门窗洞口，使窑洞门与本地房屋的房门尺寸、形式相近。窑门也多为与普通房屋一样的板门。一般窑脸仅在窑门上方开设类似于“亮子”的半圆形窗，仅少数内部高度较高的窑洞单独在窑门上方开设窗户。窑洞建筑的内围护结构不仅包括用来分割窑洞空间的砖石或木分割，还包括在黄土窑体内部所做的一层砖石发券。海上桥村窑洞内采用砖发券做内围护结构时通常砖缝密且均匀，展现了本地传统工匠高超的建窑技艺。

靠崖窑窑脸砌筑的砖石等常高出土坡，以防止坡顶雨水对窑脸的直接冲刷，锢窑与地坑窑则用砖石砌筑女儿墙，形成有组织的排水。锢窑窑脸顶部设置披水挑檐，以防止雨水对窑脸的冲刷，窑顶部设置排水口。

瓦房民居建筑

传统瓦房在海上桥村以窑房院为主的民居中多作为厢房或倒座。海上桥村瓦房民居建筑单体平面多为一明两暗的三开间形式。三开间的平面形式使用面积适宜、结构合理、利于院落空间组合、普遍适用。村内刘春荣宅院二层台地处还出现了不对称五开间的平面形式，这样非常规的平面形式也显示出传统民居建筑单体平面灵活多变的特点。

海上桥村传统民居瓦房建筑的屋架结构主要为传统抬梁木构架，常见的有三架式、五架式、六架前檐廊式、三架单坡式等。抬梁结构的屋面荷载由椽子传递至水平向的檩条，再由檩条传递至竖向瓜柱，瓜柱传递至水平向的梁，最终传递至竖向承重结构之上。

屋顶形式上，村落内传统瓦房建筑中主要有双坡尖山式硬山顶、单坡硬山顶两种形式。双坡尖山式硬山顶是巩义地区最常见的屋顶形式，其檩条搭在山墙上不悬挑出墙外，山墙用砖封檐。单坡硬山顶多见于厢房，是由于院落面宽方向用地紧张而建造的。海上桥民居中常见的单坡硬山顶有两种形式。

一种仍有独立正脊，脊后留有一小段坡，形成类似不等坡的屋顶。

另一种是与邻近其他院落厢房共用后墙，两厢房共用正脊，宛若一栋建筑。村内瓦房民居建筑屋面均为干搓瓦屋面，屋脊形式主要有散瓦脊、实脊、花瓦脊 3 种形式。

屋身部分包括建筑的前檐墙、后檐墙以及两侧的山墙 4 部分。经济条件较好的家庭

宅院倒座和门楼

在营建房屋时多全部使用青砖或砖石混合砌筑屋身。经济条件较差的家庭多采用青砖与土坯或块石与土坯相结合的方式砌筑屋身，墙基以下采用砖或石砌筑，而墙基以上改用土坯砌筑。

门窗主要用在主立面屋身，大多设在前檐墙部位，常见的有半圆形拱顶门窗、弧形砖过梁门窗、矩形门窗等洞口造型。山墙部位的“山花眼”与倒座部位大门顶部的气窗通常窗洞尺寸较小，常见的有圆形窗、半圆拱顶窗、八边形窗、木过梁矩形窗等窗洞造型。

建筑材料

生土作为建筑材料具有易取得、成本低、施工容易等特点。海上桥村传统民居中窑院式民居多与土有直接联系，靠崖窑直接利用了黄土台地自身立壁性强的特点，砖石锢窑也多依靠黄土与碎石的混合进行窑体内部的填充，形成稳固的拱券结构。在瓦房中也常见夯土墙、土坯墙的使用。土作为建筑材料，具有不耐水冲的劣势。海上桥村的窑洞采用砖石

地方建筑材料

砌筑窑脸、窑顶设置批水挑檐、生土墙外侧刷各种抹面、出檐的屋面形式等处理方式，在追求美观的同时，减少了雨水冲刷对建筑的损害。

海上桥村所在的巩义市山地面积占比高，东南部的嵩山更是有大量能够用于建设民居的石材。本地用于民居建设的石材主要有浅黄褐石、红石两种。完整的、形态规整的石料用于房屋建设，较碎的石料可用于平整院落、修路、修桥等。

巩义地区土质极好，在早期的人类活动遗址中就发现有烧制陶器的现象。本地发现大量汉代画像砖，说明了本地烧制砖瓦的历史悠久与技术成熟。海上桥村的传统瓦房民居建筑多以青砖搭配土石砌筑，青砖多用于墙体转角、门窗周边等部位。

建筑装饰

海上桥村传统建筑遗存总量较大，传统民居以砖、石、木、土结构为主，建成年代集中于清中晚期。现存传统建筑保存完好，院落群体合理，地域特色突出。建筑构件，如石雕、木雕、柱础、门窗等部位装饰元素和形式丰富，有较高的艺术价值和文化内涵，是豫西传统民居的典型代表。

砖雕装饰

屋面装饰

木门楣　曹振普　摄

木风门　曹振普　摄

硬山山墙　曹振普　摄

门　窗

窑院民居是海上桥村最典型的建筑形式，拱形门和拱形窗在窑洞、砖房或土坯建筑中都被大量使用，成为民居建筑最主要的形式风格。窗多为槛窗，窗拱多为扇面券，刻工精良。而门拱则多为全圆券，一般一券一复，有的三券三复，甚至达到五券五复，也有扇面券。垂花门造型别致。

雕刻艺术

海上桥村居民重视“三雕”（砖雕、木雕和石雕），在建筑上进行细部装饰，将普通建筑构件赋予艺术价值。在门窗、檐下、山墙、墀头、屋顶脊饰上普遍应用了雕刻，精致的雕工使建筑整体显得富有生机，雕刻图案以鸟兽植物为主，寓意祈福添寿、风调雨顺。雕刻图案题材主要有花草纹样、动物纹样和符号纹样。其中，花草纹样主要为常见的花卉植物，梅、兰、竹、菊象征高雅，牡丹寓意富贵，蟠桃、水草寓意着福运连绵不断等；动物纹样以蝙蝠、梅花鹿、喜鹊、瑞兽为主，主题有松鹤延年、喜（鹊）上眉（梅）梢、三星高照等；符号符纹被抽象成几何形状，包含中国传统的文字符号以及带有一定寓意的符号，如寿字、如意、祥云等。

木 雕 木雕用于海上桥村民居木构架装饰，最常见的是门头门楼檐下的雕刻，几乎在现存每户宅院的门楼下都能看到。图案的表现主题比较多，多以动植物为题材，有些以山水景观为题材。村中最具代表性的木雕为王荣卿院落檐下木雕，将瑞兽、牡丹、莲花图案合理排列，如玉堂富贵、双喜临门、福禄寿喜等。木刻匾额是海上桥木刻艺术的集中体现，据记载，有40余块匾额悬挂于门楼、外墙之上，彰显宅主的声望和地位。

石 雕 石雕工艺主要用于门口处的门枕石和柱础等部位。门枕石是承载门、框的石质构件，在门外部分有抱鼓石、门墩石，通常做鸟兽艺术纹饰处理。柱础的主要作用是支撑传力，防水蚀，增加耐久性。柱础的艺术装饰比较多样化，大多为鼓形。

砖 雕 海上桥村传统村落砖雕主要分布在建筑的墀头、顶脊、影壁墙和窑洞门脸上。民居的砖雕中有大量的祥云、寿桃、蝙蝠、鹿、鱼等图案，寄托了人们对健康长寿、幸福生活的向往。图案内容有松鹤同春、莲花牡丹等。一些宅院采用兽面瓦当、寿字滴水。如王广亚故居的二门门脸砖雕挂落飞罩上，有龙、鹿等动物图案和牡丹、莲花等植物图案，以及如意云头、卷面水草等图案，寓意家庭幸福美满。

典型民居实例

王广亚故居

王广亚先生是海上桥村的杰出代表，他为我国教育事业与海峡两岸交流做出了巨大贡献。其故居位于村落西部，村委大院北侧，为整体坐西朝东的两进窑房院民居，现由大门及倒座、北厢房、南厢房、窑洞5孔构成。

第一进院落由倒座、窑洞、南厢房组成。大门及倒座面阔4间，进深五椽带前廊，墙体由毛石、青砖、土坯砌筑，二层双坡硬山干槎瓦顶，五脊六兽。第二进院落为院落主院，院落面阔狭窄，为典型的以靠崖窑为正房，南北瓦房为厢房的窑房院式院落。正房位置的两层靠崖窑首层开挖三孔窑洞，二层仅开挖一孔体量较小的窑洞，二层窑洞前留有平台形成二层庭院空间，靠崖窑均以砖石砌筑窑脸。南北厢房为单坡瓦房，进深尺寸较小，均为三开间，南厢房与第一进院落南厢房紧密连接，北厢房与主窑间隔空间的北侧土崖还开有一孔窑洞。窑洞共5孔，均为一层单孔窑，前檐墙体用毛石及青砖砌筑，门窗、壁龛处用青砖砌筑砖券，窑洞内部用青砖砌筑加固土墙。

王广亚宅院

张建州宅院门楼

王荣卿宅院

王荣卿宅院为四合院布局，坐北朝南，现由大门及倒座、东厢房、西厢房（现改建红机砖平房）、窑洞 5 孔构成。

大门及倒座面阔五间，进深四椽，毛石、青砖、土坯砌筑，二层双坡硬山干槎瓦顶，五脊六兽。东厢房面阔三间，进深四椽，毛石、青砖、土坯砌筑，二层双坡硬山干槎瓦顶，五脊六兽。西厢房现存建筑为红机砖平房，为后人改建建筑，原结构形式同东厢房。窑洞共 5 孔，均为单层单孔窑，前檐墙体用毛石及青砖砌筑，门窗、壁龛处用青砖砌筑砖券，窑洞内部用青砖砌筑加固土墙。

张建州宅院

张建州宅院为四合院布局，坐西朝东，现由大门及倒座、北厢房、南厢房、二门、窑洞两孔构成。大门及倒座面阔四间，进深四椽，墙体由毛石、青砖、土坯砌筑，二层双坡硬山干槎瓦顶，五脊六兽。北厢房面阔一间，进深二椽，墙体由毛石、青砖、土坯砌筑，单层单坡硬山干槎瓦顶。南厢房现存建筑为红机砖平房，为后人改建建筑，原结构形式同北厢房。窑洞共两孔，均为二层单孔窑，前檐墙体用毛石及青砖砌筑，门窗、壁龛处用青砖砌筑砖券，窑洞内部用青砖砌筑加固土墙。

王哲民宅院

王哲民宅院为四合院布局，坐北朝南，现由大门及倒座、东厢房、西厢房、窑洞 3 孔构成。大门及倒座面阔五间，进深四椽，墙体由毛石、青砖、土坯砌筑，二层双坡硬山干槎瓦顶，五脊六兽。东厢房面阔五间，进深二椽，墙体由毛石、青砖、土坯砌筑，二层单坡硬山干槎瓦顶。西厢房面阔三间，进深二椽，墙体由毛石、青砖、土坯砌筑，二层单坡硬山干槎瓦顶。窑洞 3 孔，为二层单孔窑，前檐墙体用毛石及青砖砌筑，门窗、壁龛处用青砖砌筑砖券，窑洞内部用青砖砌筑加固土墙。

王茂恩宅院

王茂恩宅院为四合院布局，坐北朝南，现由大门及倒座、东厢房、西厢房、窑洞两孔构成。大门及倒座面阔三间，进深五椽带前廊，墙体由毛石、青砖砌筑，二层双坡硬山干槎瓦顶，五脊六兽。东厢房面阔二间，进深二椽，墙体由毛石、青砖砌筑，二层单坡硬山干槎瓦顶。西厢房青砖砌筑窑洞两孔，平顶。窑洞两孔，均为一层单孔窑，前檐墙体用毛石及青砖砌筑，门窗、壁龛处用青砖砌筑砖券，窑洞内部用青砖砌筑加固土墙。

建筑价值与地方特色

历史价值 海上桥村传统村落民居以明清时期为主，由住宅、祠堂、庙宇等构成，内设共用的水井和四通八达的石子小道，以及围绕建筑群筑有高高的土寨墙，是河南保存较为完整的传统民居建筑群，为研究清代建筑提供了极好的实物资料，具有极高的建筑史学价值。

艺术价值 海上桥村传统村落肌理环境基本完整，整体和谐度较高，重要传统建筑保存完好，综合了北方四合院的建筑风格，色调古朴，庄重大气；建筑构件，如石雕、木雕、柱础、门窗等历史遗存丰富，许多院门上方至今还留有前伸的屋檐和精美的砖雕等饰物，艺术价值较高。

社会价值 民居选址上注重人的活动与自然环境相结合，曲径通幽、层峦叠嶂的空间格局与街巷空间使得海上桥村极富观赏性。转弯抹角的建筑细部，四通八达的沟渠以及为防止匪患修建的寨墙及暗洞等，体现了传统村落无与伦比的智慧。

生态价值 海上桥村风景清幽，村民尊重自然，保护自然，与自然和谐相处，有着相当丰富的文化遗存和历史悠久的文化传统，在空间格局、功能与社会经济价值上，是传统可持续人居发展模式的重要体现；在建筑价值、环境要素特色上，是豫西文化传统村落的典型代表。

保护措施与方式

海上桥村的传统民居具有规模较大、保存状况参差不齐等特点，村落保护改造时结合建筑等级和保护价值、建筑质量、建筑年代、建筑高度等现状要素，对建筑采取分类保护方式，主要包括保护修复、修缮改造、整治拆除。

保护修复 海上桥村部分清代民居由于年久失修，多处建筑本体破损严重，对破损严重的院落进行了全面维修和局部复原。保护修复工程涉及海上桥村传统民居建筑 22 处。

修缮改造 对海上桥村传统村落保护区范围内规划确定的传统风貌建筑进行维护和修缮，保持和延续建筑外观形式、风格及色彩，保护具有历史文化价值的细部构件或装饰物。

整治拆除 实施立面整治维修、建筑细部修饰，开展周边环境整治，对存在安全隐患、对整体景观有影响的建筑进行拆除。

保护修缮和利用

保护利用原则

真实性原则 最大限度地保护规划区域内的居民宅院、村落肌理、空间格局、巷道尺度以及与传统建筑相适应的真实历史信息，保护村落所承载的丰富的历史文化本真。

完整性原则 保护村落内的清代古建筑群及其整体历史风貌，延续海上桥村的历史发展脉络。

可持续性原则 把传统村落的保护放在第一位，兼顾村落的发展需求，走保护与利用并重、互动的道路，进入保护与利用的良性循环。

完善基础设施

优化管线入地 对传统村落内部的强弱电、燃气、给排水、通信线路进行入地改造。

提升交通体系 镇村主干道提质升级，铺设柏油路面，安装太阳能路灯，设置旅游线路，建造生态停车场。

修复文物遗存 按照文物保护标准，复建东、西、南三个寨门。

构建公共空间 建设新时代文明实践站、文化中心，修缮火神庙、关帝庙等，传承中华优秀传统文化。

建设服务体系

完善服务设施 建设传统村落管理中心（游客服务中心）、艺术家工作室、写生民宿、中医馆等，设置引导标识牌。

闲置民居改造 对传统村落保护区内闲置、破旧（损毁）的一般古民居进行艺术改造，保持古村脉络。

营造田园景观 种植符合本地特色的花草树木，打造梯田花海、乡野公园、林下露营地等。

强化文化交流 建设乡村艺术大学、综合文化服务中心、供销艺术沙龙等，持续与省内外高校、艺术家协会合作交流，服务艺术家到海上桥村进行写生创作交流。

附：《巩义市大峪沟镇——海上桥村传统村落保护发展规划（2016—2030）》选图，巩义市大峪沟镇人民政府 河南省信豫规划设计有限公司编制。

海上桥村村落现状建筑年代分类图 大峪沟镇人民政府供图

海上桥村村落历史环境要素分布图 大峪沟镇人民政府供图

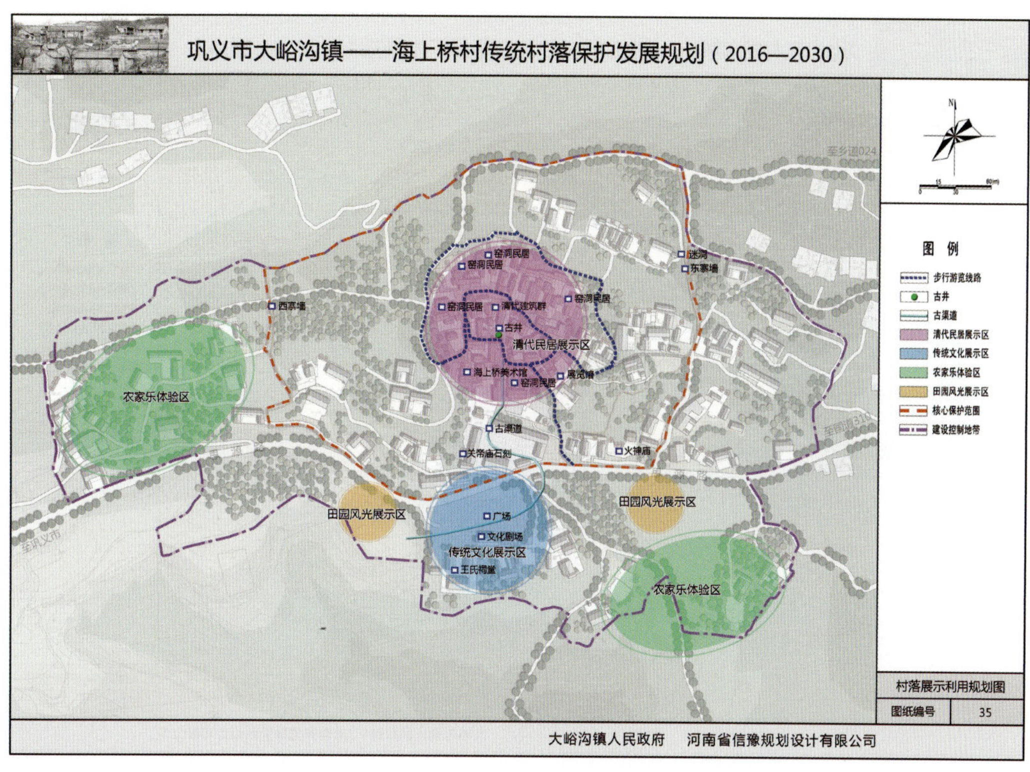

海上桥村村落展示利用规划图 大峪沟镇人民政府供图

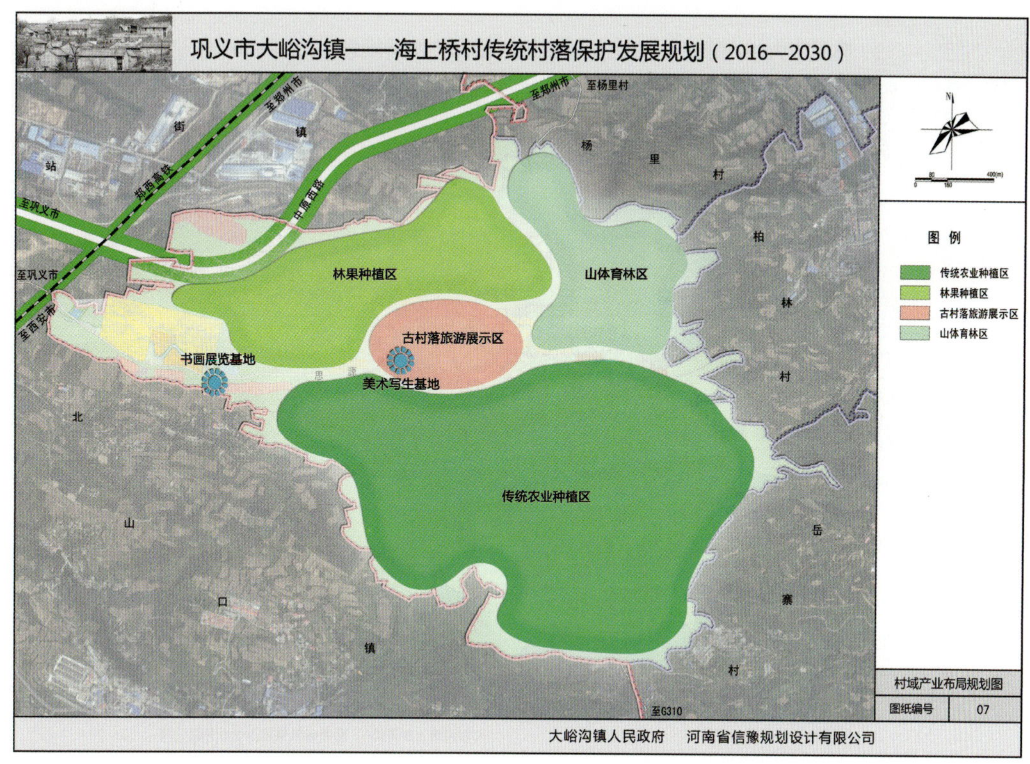

海上桥村村域产业规划图 大峪沟镇人民政府供图

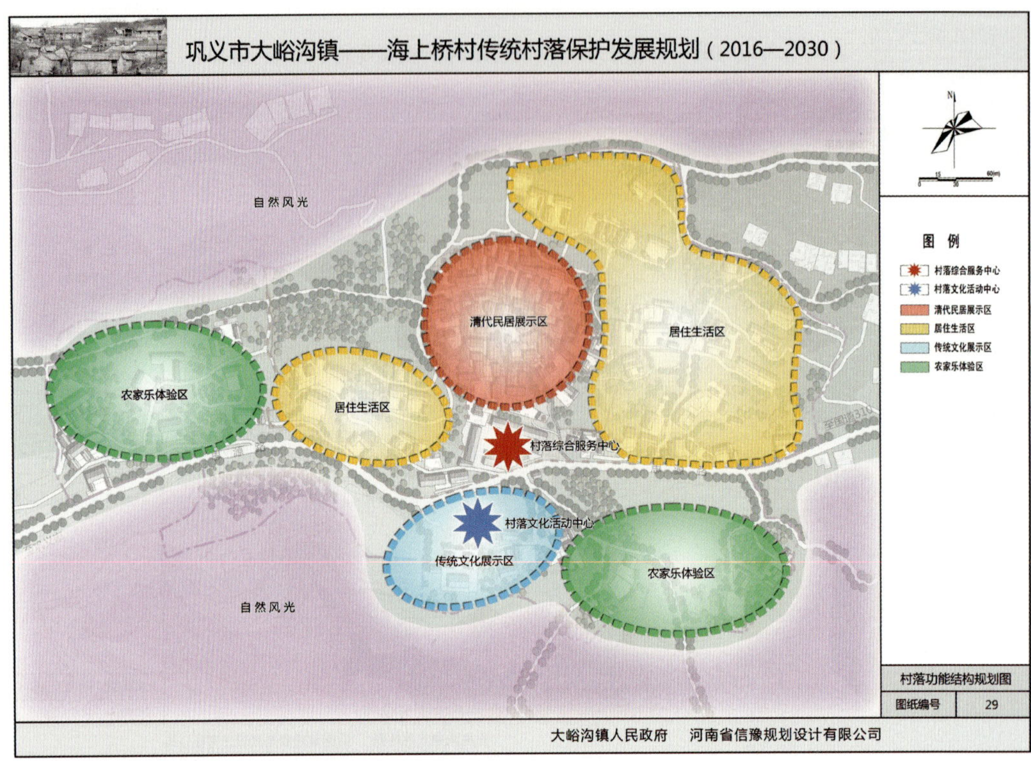

海上桥村村落功能结构规划图　大峪沟镇人民政府供图

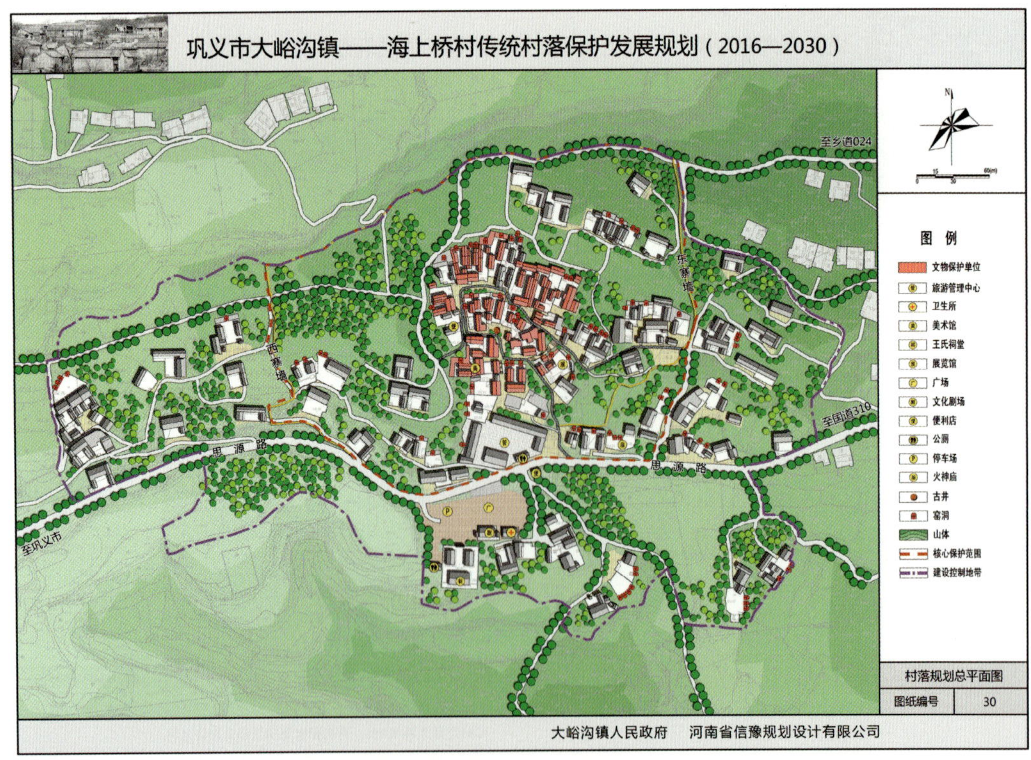

海上桥村村落规划总平面图　大峪沟镇人民政府供图

大事记

保和寨　曹振普　摄

明洪武年间（1368—1398 年），南沟张氏家族迁入海上桥。明万历年间（1573—1620 年），王氏家族迁入海上桥。

清乾隆年间（1736—1796 年），海上桥修筑寨门、寨墙。

1831 年，田净意在海上桥办医学堂，著有《瘟疫安怀集》4 卷 3.5 万字，《育婴集》12 卷 15 万字。

清同治五年（1865 年），兴建三槐堂周都王氏宗祠（现改为海上桥村供销社）。

1935 年，巩县划分为 40 个联保、181 个保，海上桥保属新全联保辖。

1941 年，巩县废除联保处，改为 9 乡 1 镇，海上桥保属大新乡。

1944 年，中共巩县县委工作站站长孙克明到海上桥村进行抗日宣传活动。

1945 年，巩县抗日县政府独立团与顽固势力——巩县自卫团在青狮山发生战斗，巩县自卫团败走。

1948 年 4 月，海上桥村解放，海上桥村属第五区（城关区）辖。

1952 年 10 月，海上桥村归九区（玉皇庙区）辖。

1952 年 10 月，中国共产党海上桥支部委员会成立。

1954 年，海上桥村成立初级农业生产合作社。

1956 年 12 月，海上桥村成立高级农业生产合作社。

1958 年，海上桥村建立妇产院。

1958 年 8 月，海上桥村属大峪沟钢铁公社。

1959 年 3 月，海上桥大队属大峪沟人民公社。

1960 年，海上桥大队建立浮肿病院和敬老院。

1961 年 6 月，海上桥分为海南和海北两个大队。

1963 年 2 月，海南大队、海北大队合并为海上桥大队，归属玉皇庙人民公社。

1963 年 8 月，大劫文碑被巩县人民政府评为第一批文物保护单位。

1965 年 11 月，海上桥大队归属大峪沟人民公社。

1971 年 10 月，站街山神庙大队至海上桥大队高压线路全线贯通。

1972 年 8 月，海上桥小学建 6 孔延安式窑洞作为教室。

1978 年 10 月，海上桥小学扩建学校教室 24 间。

1983 年 12 月，海上桥大队更名为海上桥村。

1988 年 5 月，海上桥小学教学楼竣工。

1990 年 1 月，海上桥学校扩建工程动工，当年 10 月竣工。

2001 年 11 月，海上桥村第一期农村电网改造工程结束。

2005 年 11 月，海上桥村卫生所竣工。

2006 年 8 月，七公里至铁匠炉扩修道路全线贯通。

2007 年 12 月，海上桥古建筑群被巩义市人民政府评为第二批文物保护单位。

2009 年 9 月，青狮山观景亭等工程竣工。

2010 年 6 月，海上桥村文化广场投入使用。

2012 年 6 月，刘兰井竣工，投入使用。

2013 年 4 月，海上桥村与河南大学、郑州大学签订合作协议。

2013 年 5 月，馨海家园开工，新建 10 栋 312 套居民住宅楼。

2013 年 9 月，海上桥村与郑州升达经贸管理学院签订合作协议。

2013 年 10 月，海上桥村与清华大学美术学院、中央美术学院签订合作协议。

2014 年 7 月，海上桥村列入河南省第二批传统村落名录。

2014 年，海上桥村与鲁迅美术学院、首都师范大学、河南师范大学、郑州师范学院、周口师范学院等 17 家院校签订合作协议。

2015 年 6 月，海上桥画家村举行首届大学生写生作品颁奖仪式。

2015 年 7 月，河南海上桥文化传播有限公司成立，建立画家工作室。

2015 年 11 月，海上桥村美术馆开馆。

2015 年 12 月，海上桥画家村举行名画家书画作品展。

2016 年 1 月，海上桥村传统民居被评为河南省第七批文物保护单位。

2016 年 3 月，海上桥美术作品《厚土 · 乡情》画展在巩义举行。

2016 年 4 月，“中原名家走进巩义作品展”在海上桥村隆重开幕。

2016 年 4 月，海上桥画家村举行书画作品代销集中签约。

2016 年 5 月，海上桥村与华北水利水电大学签订合作协议。

2016 年 12 月，海上桥村传统村落保护发展规划通过评审。

2017 年 3 月，“面向自然——太行山纸本写生展”在海上桥村美术馆展出。

海上桥村高压线路贯通　曹振普　摄

2017 年 5 月，海上桥村与郑州成功财政学院签订合作协议。

2017 年 12 月，海上桥村被评为巩义市文明村。

2018 年 4 月，浙江大学与巩义市签约，建设浙江大学科技园区。

2018 年 5 月，河南电影制片厂在海上桥村拍摄《少年朱德》《范进中举》等微电影。

2018 年 6 月，柏沟岭打一眼 560 米的机井，新建一座 500 立方米的蓄水池。

2018 年 12 月，海上桥村集体经济合作社成立。

2019 年 1 月，巩义市文化、科技、卫生“三下乡”活动在海上桥举行。

2019 年 6 月，中央电视台到海上桥拍摄《乡土中国——海上桥》专题片。

2019 年 6 月，海上桥村列入第五批中国传统村落名录。

海上桥村美术馆 曹振普 摄

2019 年 7 月，海上桥村写生基地修缮改造，当年接待师生 6500 人次。

2019 年 9 月，郑州升达经贸管理学院和郑州商学院在村文化广场举办“海上生明月”诗词朗诵会。

2019 年 10 月，郑州大学在村文化广场举办庆祝中华人民共和国成立 70 周年“我和我的祖国”戏曲音乐诗会。

2020 年 1 月，海上桥村传统村落保护工作启动。

2020 年 4 月，海上桥村美丽乡村规划通过专家评审。

2020 年 7 月，河南省“舞台艺术送基层”活动到海上桥村演出。

2020 年 8 月，海上桥村深层温泉项目开工。

2020 年 9 月，海上桥村被评为河南省乡村旅游特色村。

2020 年 10 月，海上桥村文创园区开工建设。

口述史

LOCAL RECORDS OF HAISHANGQIAO

我的大学理念

文 / 王广亚

一、我办大学的动机

2010 年 10 月，河南省教育厅授予我“感动中原 60 年 60 人”殊荣；2011 年 12 月，我荣膺“全国教育行业最具影响力人物”称号；2012 年 4 月，在“第九届中国教育改革论坛”上，我荣获“中国民办教育终身成就奖”；同年 9 月，在河南省民办教育系统第 28 个教师节表彰大会上，我荣获“民办教育慈善人物”称号；2013 年 1 月，河南省教育厅再次授予我“河南省民办教育先进个人”殊荣……年逾九旬，我又赢来了新一轮的社会的肯定。面对着“教育巨擘”“杏坛楷模”“中原之子”等美誉，我依旧不敢忘却我办大学的动机。

在遥居台湾与大陆隔绝的 40 余年里，我日夜思念父母妻儿，还时常想念儿时的伙伴，想念故里的山山水水，一草一木。生我者父母，养我者故土。在“有土斯有财”，粮食就是财富的年代，我的父亲用勤俭得来的钱财供我读书；家乡的小米、玉米、红薯、谷子将我养育长大，勤俭朴实的家风熏陶了我，乡亲们的淳朴敦厚影响了我，我忘不了我的故乡、

王广亚先生欢送毕业生　郑州商学院供图

故土、故人。1990 年，我首度返回阔别已久的故乡——河南郑州，看到河南地处中原、人口密集，高等院校太少，学生上大学的机会少，直接影响到人才的培养和经济的发展，便萌生了在河南建成一所全国一流大学的梦想。为了圆这个梦，1991—1992 年，我多次回来考察，1993 年在郑州北郊购地未果。但我知道，我们的祖国需要知识与文化，我的家乡需要知识和文化，而我可以通过办学来为祖国和家乡做出贡献，所以不管别人怎么规劝，我造福桑梓的初衷不改。所以，我于 1993 年在郑州创办了升达学院，2004 年又在老家巩义市创办了郑州商学院。

乌鸦反哺，羔羊跪乳，我怀抱赤诚，于 1993 年回大陆办学。面对改革开放初期的中国大陆，也只有做好人才的培养，才能实现民族的伟大复兴。作为教育工作者，唯有充分发挥自身优势，育天下英才，将自身能力融入社会建设的需求中，才能为祖国做出贡献。我常说："我办教育不是开学店，不是为了从学生身上捞钱。""升达不是我个人的私产，我创办升达学院完全为报效国家，培养人才，回馈社会，不图个人一分一厘的回报。升达

郑州商学院图书馆 郑州商学院供图

是属于国家的，属于社会的。”“办教育是为社会造就人才，是公益事业，是良心事业，绝不是图一己私利。”……可能有人对我这些话有所怀疑，但这是我的真实想法。我创办育达、升达、成功这些学院，奔走商界，是社会、是祖国改革开放给我提供了这些机会，我只是抓住了这些机会并付出努力而已。如果在这些过程中，没有亲朋好友的鼓励与帮助，没有政府政策的帮助，没有社会的包容与认可，任凭我有通天之力，也不能做好这份事业。教育是社会事业，而我也只是在个人生命的旅程中承担起了一份社会责任而已。追本溯源，是社会给了我从事这个工作的机会，是大家群策群力，才有了现在我的十校同发展的盛况，我当以此回馈社会，回馈广大学生及家长的信任。

因此，我办学的动机就是本着一颗爱乡爱国的赤诚回馈桑梓。我办学，是取之于学生，用之于学校，回馈于社会。

二、治学精神

在升达学院建校初期，我提出的治学精神是“宁静、好学、守礼、整洁”。1996 年 4 月，我在《德为立人之本》一文中提出：“爱国气节和民族精神是我们亿万炎黄子孙巨大凝聚力之所在，在今天我们要更努力倡导，我们从来都是把那些在国家民族存亡的紧要关头挺身而出、不惜牺牲生命的人看作大德之人，看作大勇大智的民族英雄。”之后，我在升达精神中增加了“爱国、爱校”，把“守礼”改为“礼让”。至此，“爱国、爱校、宁静、好学、礼让、整洁”的治学精神一直沿用至今，这 12 个字凝结着我数十年的治学经验，

治学精神　郑州商学院供图

我把它作为鼓励学子的精神力量，也是对同学们品德、学习和行为习惯的要求。期望学子们人人都有一腔爱国热情，并热爱自己的母校，做到好学不倦，心安神定，讲文明，讲礼仪，爱整洁，用宁静的心态去学习，达到“宁静致远”的成才境界。用“爱国、爱校、宁静、好学、礼让、整洁”的治学精神和治校理念，推动“办好”大学。

（一）爱国

爱国，是对每一位公民的要求，也是大学生应具备的基本素质。“爱国”是每一个公民应有的道德，也是中华民族的优良传统，浸润在每个中华儿女的血脉中。我们的祖国幅员辽阔，山河雄壮，有着五千年的历史文明，有着灿烂的中华文化，我们没有理由不热爱国家，我们要努力使我们的国家富强起来。爱国是国民的本分，更是难以割舍的情感。14亿人同属华夏子孙，黑眼睛，黄皮肤，贯通着同一血脉。我们没有理由不热爱祖国。

爱国就是热爱祖国、维护国家的尊严，尊重国家的传统和价值观。为建设祖国、保卫祖国贡献自己的智慧和才华，在祖国需要的时候挺身而出，保卫祖国，为国尽忠。回首中国历史，那些不朽的中华英魂，跨过了漫长的岁月，一直沿袭至今，也将继续传承下去，永放光芒。

学校的办学目的是为国家培养人才，所以教育必须坚持社会主义办学方向，必须加强对学生的爱国教育。每天早晨坚持升国旗、奏国歌，全校师生听到国歌，要面向国旗立正。时逢学期开学、国庆节等特殊日子，学校全体师生员工必须参加升国旗仪式等，这些就是爱国教育很好的表现形式。我记得 1996 年 6 月在升达学院第一届毕业生毕业典礼上，主席台背景是一面五星红旗，我起身讲话之前，面对国旗鞠躬，以表达爱国之意。2014 年 4 月 9 日，成功学院外语系 2012 级年仅 21 岁的女生李翠，因肾癌救治无效不幸去世，她在与病魔的抗争中始终积极乐观，在生命垂危的最后时刻，她最大的愿望就是加入中国共产党，参加校庆，并决定将角膜献给眼疾患者，捐献遗体，为医疗事业做出贡献。她的“爱国、爱校、爱社会，自强担当，积极乐观”的精神感动了无数人。

（二）爱校

爱校，就是热爱母校、维护母校的荣誉，爱护母校的一草一木，做出成绩为母校争光。一个人从无知到有知，再到知之甚多，离不开学校和老师的启蒙和培养。母校是学生成才的摇篮，人的一生中有相当长的一段时间是在学校度过的，在这里汲取知识的甘泉，成长为有用之才，饮水思源，不能忘本。不能忘记师长的谆谆教导，亦不能忘记朝夕相处之同窗，在这里度过了青春年华，怎么会没有深厚的感情？

有的教职工认为，学校不是他的母校，只是工作的地方，不需要爱学校，可以对学校发展中的问题和不足发泄不满，甚至煽风点火滋事。我认为这是不对的，教育是事业，事业的意义在于献身。在学校工作是你的选择，是缘分，你应该热爱你工作的地方，对学校工作不满意可以大胆发表意见，那也是出于爱护学校之本心，但若滋事泄愤就错了。应该把职业当事业去做，满腔热血地为它做出贡献。

作为一名学子，从进校的那一刻起，就注定要共享校园的苦乐，共创校园的辉煌。应把热爱学校倾注在求知若渴、勤学苦练的探索中，把热爱学校融汇于关心集体、无私奉献的行动中。拾起一团被人丢弃的纸屑，关掉教室未熄灭的电灯，拧紧仍在滴水的龙头，擦掉有损校容的粗话……我想从这些不起眼的小事中，大家都能得到不同的体会，不同的收获。这些正是学生应该具备的品质。置身于团结互助的校园，要时刻牢记和遵从校训，坚持不懈地学习与钻研，从自身做起，从现在做起。

学校在对师生爱校教育的过程中，可针对不同群体采取不同的表现形式：如举办新春聚餐和新春团拜会，以增强教职工爱校的凝聚力；举办毕业生文艺晚会、毕业巡礼，开展感恩教育活动等，以增强学生的爱校情、感恩意。

（三）宁静

宁静，就是安宁沉静、平心静气；不浮躁、不冲动、不急于事功；修心养性，沉稳冷静。宁静是对学生品德涵养的要求，是获取真知的前提，学问、本领，总是属于宁静好学的人。诸葛亮《诫子书》：“非淡泊无以明志，非宁静无以致远。”以此谆谆告诫他的子弟，要保持清心寡欲，以塑造高尚的道德情操。在当今这个喧嚣的社会中，到处都是熙攘的人群，到处都有人的声音，似乎连寂寞的权利都失去了，于是宁静便愈发地珍贵。

我是十分推崇宁静的，一生不求当官，只是在本本分分做一些有意义的事。其实，宁静的规格很高，它不是出世，而是一种静观其变的淡泊，它可以使你达到空前的高度。在工作与生活中，我们需要去感知宁静，在成长的道路上不断磨炼自己，在宁静中充实自己。学生要获取真知，成为博学的人，就要静下心来，专心致志、循序渐进投入学习，不可心浮气躁、急于求成；也不能人在教室，眼望窗外，“望鸿鹄之将至，思援弓缴而射之”。

“宁静”要求师生共同营造一个安全稳定的教学环境。教室要宁静，图书馆要宁静，校园也要宁静。我要求在上课期间，不许学生在校园到处乱跑。我们规定“严格门禁”，汽车在校园内不准鸣喇叭，上课期间不准汽车和其他闲杂车辆、人员进入教学区，考试期间拉警戒线，加强警卫等，都是为了保持学校宁静。

（四）好学

好学，就是爱好学习，视求知为乐趣，能静下心，钻进去，甚至废寝忘食，手不释卷。“好学，就是对每一位学生的基本要求。”刻苦自励，孜孜不倦，深入钻研，细心领会，举一反三，勇攀科学高峰，这是对所有学子的期许。古人对好学亦多有论述。《论语·公冶长》：“敏而好学，不耻下问，是以谓之文也。”北齐颜之推《颜氏家训·勉学》：“初为阍寺，便知好学，怀袖握书，晓夕讽诵。”学业要进步，前提是爱好、专注、全身心地投入。好学还要深思，联想贯通，举一反三，要运用自己的头脑去分析，去钻研，去辨真伪。

我很早就提出“少年重学习，青年重修养，壮年讲功力，老年讲境界”的要求，既是我对人生体验的总结，也是对学子提出的一种期望。学生正处于学习阶段，高楼大厦平地起，人生成就多由此时奠基，所以学生应注重学习，尽量多吸收前人的知识来充实自己，武装自己，打下坚实的知识基础。因为只有这样，才能实现自己的目标，在追逐梦想的舞台上一显身手。学生若是连书都不想读，吝啬于付出自己的劳动，怎么会学懂知识，掌握知识，又怎么会品学兼优，出类拔萃？

学校坚持开展“好学月”主题教育活动，大力实施书香校园建设、要求大学生晨读、保证课堂出勤率等，即是促使学生好学。一分耕耘一分收获，人生能有几个花季、雨季？过去的就无法改变了！古人云：“一寸光阴一寸金，寸金难买寸光阴。”千万不可在贪玩和游荡中轻易浪费过去。当今一些少年沉迷在电子游戏中，在虚拟的网络世界里徜徉，为其中渲染的暴力、传销所迷惑，致使学习一落千丈，使大好时光流逝，那是很可悲的。所谓“黑发不知勤学早，白首方悔读书迟”就是这个道理。

（五）礼让

礼让，就是守礼谦让，以礼待人，互相尊重，待人谦逊和蔼，谈吐文雅得体。学生们学了很多知识，文明修养也应随之提高。待人接物，交往做事，谦逊有礼，谈吐文雅，举止有度，得理让人，这对个人事业和前途大为有益。

礼貌谦让，以礼待人，言行得体，体现了一个人的修养与素质。我们中华民族自古重礼，为礼仪之邦，“礼义廉耻”中“礼”为第一。《论语·里仁》中有：“能以礼让为国乎？何有？不能以礼让为国，如礼何？”邢昺疏：“礼节民心，让则不争。”礼让是社会中重要的道德规范，谦逊礼让，对踏入社会学子的事业大有裨益，也会使社会和谐安宁，提升社会的整体素质和文明程度。

退一步海阔天空，让三分心平气和。“孔融让梨”传递手足情深，“让他三尺又何妨”

折射邻里宽容。礼让文明交通先行，车让人，让出一份文明；人让车，让出一份平安；车让车，让出一份秩序；人让人，让出一份温情。多一点礼让人心温暖，多一点礼让家庭幸福，多一点礼让邻里和谐，多一点礼让城市安宁。在 5・12 汶川地震中，几个小英雄把安全留给别人，把危险留给自己。他们用实际行动来捍卫“礼让”，使许多人得到了第二次生命。

学校是科学文化的殿堂，要使学生通过知识的陶冶，摆脱愚昧，成为有教养、懂礼貌的人。待人接物，礼让谦逊，学生在学校与老师、同学融洽相处，毕业后进入社会也能与同事和主管关系和谐，这是现代社会一个有知识和修养的人应该具备的素质。

（六）整洁

整洁，就是整齐清洁，生活环境干净整齐，个人衣着清洁朴素，养成良好的卫生习惯。整洁是现代文明的标志，这种文明不是做给别人看的，而是养之有素、积久成习的良好品德。同时，整洁也能体现出一个人生活的态度，“一室之不治，何家国天下之为？”每个人都追求和向往干净优美的环境，古代的老子就主张“美其食、洁其服、乐其俗”。整洁的道理简单明了，但做到并不容易。我所创办的学校，整洁是一个重要特色，树木成行，草坪整齐，路面干净，教室整洁明亮，宿舍物品摆放有序，形成了习惯，人人都喜欢。

我办的学校，一要环境整洁，二要讲究个人卫生。校园里不见一片纸屑，落叶随时清扫，无痰迹污迹；教室里窗明几净，黑板、桌面整洁，粉笔灰及时清理；餐厅里干净整齐，一尘不染；饭桌后面和地板上不见饭粒和汤水痕迹；厕所间没有异味；宿舍里床铺被褥及学习用品摆放有条有理。这样的校园环境，让人一进校门，耳目一新，满目青翠，无纤尘污染，谁都会高兴。深入内务，处处整洁，表里如一。整洁是良好的校风和美德的标志。每个人的整洁，是其文明修养的外在表现，但这并不是说男生必须西装革履，女生一定衣裙鲜丽。我的要求是朴素大方，不论你穿西装、打领带，或是穿夹克、休闲服，都要干净整洁，不要求师生着意修饰，也不赞成不修边幅。人的性格、爱好各异，着装也不一样。至于烟酒，我是不提倡的。现在一些学生在寝室里喝酒、抽烟、吆五喝六，乱扔酒瓶，喝醉了横躺竖挂，大放厥词，很不文明。在广亚所办的学校里，公共场所和学生宿舍都禁烟禁酒。上述不良现象是不允许出现的。

我办的大学从开办时就要求开展“三大竞赛”活动。三大竞赛主要是整洁卫生、文明宿舍、秩序礼仪。我要求制度管理、量化考核，每天检查，每周统计，每月公布，期末考核。1998 年 4 月，湖北高校参观团 18 人来“升达”参观，湖北省高校工作委员会副书记带队，成员都是高校负责人。他们参观后最大的印象是：“升达”把思想教育落实到了生活教育中。2000 年 12 月，中南五省高校年会及学术研讨会代表团 70 余人参观了校园、学生宿舍后赞不绝口："仅仅看看你们的校园到处干干净净，就知道你们的管理是一流的。""学校既有现代教育思想，又继承了传统的文化气息。"称赞我们是"一流的学习环境，一流的管理水平，一流的教师队伍，一流的教学设施，一流的教学质量，取得一流的教学成果。相信在不远的将来，学校一定会成为全国一流的高等学府"。这些话对我们所取得的一些成绩充满了肯定和赞赏。

总之，我以为礼让、整洁，不仅是个人现代文明素质的标志，也关联到学校的形象、民族的形象、甚至国家的形象。

（摘编自王广亚《我的大学理念》，中国发展出版社，2015 年）

文化的根脉

口述：徐明跃（中国美协藏书票研究会会员、巩义市美协副主席兼秘书长）

整理：常宝

我的父亲徐小龙酷爱画画。因为偶然的机会去海上桥村写生，就和海上桥村结下了不解之缘。

他经常说，一踏上海上桥村的土地，一看到青砖灰瓦的清代古民居，就会忘却都市的喧嚣和尘世间的俗念，如同淙淙的流水冲洗那蒙尘的心灵，全身心地投入画作中。

海上桥是乡土社会的缩影，沉淀着历史留存的记忆。古村、古宅、古树、古井、古巷，至今仍保留着原始风貌，为创作提供了无穷无尽的生动素材。

他多次到海上桥村写生，素描中流淌出浓郁的乡村记忆，承载着满满的乡愁。从他每一幅的创作中，都能感受到是发自内心的创作，对传统文化、传统建筑保护的重视。

我画承家学，耳濡目染，也多次到海上桥村，见证了画家村的成长，见证了传统村落绽放的"原生之美"，不由自主地拿起画笔，来表现心灵深处的记忆和感情，应运而生出一批版画作品，以此留住文化的根脉。

遇上海上桥，是我的缘分，确如父亲所说，海上桥是一个荡涤心灵的好地方，能让你祛除烦躁，潜心创作，闪现灵感，享受生活。

海上桥写生之一　17 厘米 ×25 厘米　速写　2017 年　徐小龙

海上桥写生之二　17 厘米 ×25 厘米　速写　2017 年　徐小龙

海上桥写生之三　17 厘米 ×25 厘米　速写　2017 年　徐小龙

海上桥写生之四　17 厘米 ×25 厘米　速写　2017 年　徐小龙

海上桥写生之一　38 厘米 ×33 厘米　速写　2018 年　徐明跃

海上桥写生之二 38 厘米 ×33 厘米 速写 2018 年 徐明跃

海上桥十年

口述：姚小伟（郑州大学建筑学院副教授）

整理：常宝

2011 年的冬天，我们几位朋友相约在巩义写生。记得是一个阳光很好的午后，我们几个人不经意走进了海上桥村。

一个山坳里的小村落，坐北朝南，房屋依地势错落而建，村道蜿蜒通联。房子大多灰

水泉沟 60 厘米 ×50 厘米 油画 2018 年 姚小伟

砖黑瓦的明清样式，既有气派的倒座及门楼，又不乏精致的雕楣花窗，只是年久失修，整体模样有些衰败。村子中央有一口辘轳井，且建有石券井篷，井口黝黑不见底。井沿有新鲜的水痕，辘轳和钢丝井绳显然是正常使用的状态，这在我们的生活经验里多少会让人感觉有一些惊讶。村子很安静，除了几位老人在晒太阳，再没有见到其他人。眼前的海上桥村，其实是当下不少农村真实的存在状态，青壮年离开村庄，老人留守，大部分房舍闲置。

相对完整的古村落在中原地区已不多见。十数年间因为实习教学，我带学生走过遍及南北东西的许多老镇古村，唯在中原地区鲜有落脚之地。海上桥村虽然呈现颓势有年，但基本格局完整，古建神韵犹存，乡愁神思悠长，且巩义地处河洛文化之核心区域，周边可

青狮山 60 厘米 ×70 厘米 油画 2013 年 姚小伟

触及的人文古迹众多，此处是设立教学实习基地不可多得的佳址。

2012 年上半年，海上桥村开始筹建海上桥村美术写生基地，到秋天我们带学生进入，开启首次的美术实习教学。春去秋来一晃十个年头了。

十年里的海上桥迎来又送走了一批又一批的高校师生，这些来自全国各地的学子与师者，给海上桥村这个昔日静谧的小山村带来了喧嚣和活力，也让海上桥村这个浪漫的名字传播远扬。海上桥？是的，海上桥，一个黄土丘岭间充溢人文气息的小村庄。

如今的海上桥村正在当地政府和村支两委的领导下大力打造“写生 +”模式，加快乡村振兴建设，相信在不久的将来，海上桥将会迎来更好的发展前景，祝福海上桥！

外河　60 厘米 ×70 厘米　油画　2014 年　姚小伟

故园春早　160 厘米 ×60 厘米　油画　2019 年　姚小伟

扎根河洛 画出好画

口述：刘剑伟（河南省书画院专业画家、国家一级美术师、中国美术家协会会员、中国油画家学会会员，享受政府津贴专家）

整理：张阳丽

黄河是中华民族的历史文化长河，我深爱着身边的母亲河，她那生生不息的精神深深地激励着我，是我们民族宝贵的精神财富。只有外师造化才能中得心源，我的创作方向是以河洛文化的发祥地为起点，以强悍的诗意和深沉雄厚的画风歌颂这片古老而又神奇的大地，歌颂祖国的大好河山。我与地处黄河、洛河交汇点上的巩义结缘已有三十多年，跑遍了这里的山山水水、村落古镇，与这里的人民产生了深厚感情！为了深入研究，画好这里，我早在 2012 年就在巩义市海上桥村租了 3 个院落作为绘画基地，经常在这里写生、创作、生活，创作了一大批系列油画作品，其中包括以窑洞为题材的《老家》系列和以黄河、洛河黄土地上的风景为题材的《河之南》《大地无言》《岁岁年年》《故乡》《阡陌》《河洛家园》《冬猎》等系列作品。

习近平总书记倡导的“深入生活、扎根人民”主题实践活动开展以来，我更加坚定了自己的创作信念和创作方向，艺术诞生于情感，毁灭于观念！伟大的艺术作品必然是人与自然相结合而产生的，作为书画院的专业画家在新形势下，更应该响应总书记的指示。人民生活是一切文学艺术取之不尽，用之不竭的创作源泉。深入生活，扎根人民是最根本、最关键、最牢靠的文艺创作方法。我在海上桥村居住的这些年，尤以窑洞古村落为题材的《老家》系列作品的创作得到了进一步的深入和提高，目前已画出了 170 多幅。窑洞是黄土高原人们的主要住宅形式，是生活在黄土地上辛勤劳作的农民生活状态的缩影，体现着人与自然和谐发展的哲学思想。随着社会的发展，许多窑洞都逐渐坍塌，被废弃，这些窑洞像一位位历史老人，各有各的性格、情绪。我以写实的手法记录真实的生活场景，以细节的描绘体现出地域文化特色和时代特征。与此同时，我还对一些重点窑洞做了详细的文字及影像记录，为以后的深入创作打下了基础。回看多年来扎根河洛地区创作的这一批批系列作品，真是“一分耕耘，一分收获”，这些作品是有情感，有温度的！深入生活，扎根人民是我一生都要坚持做的功课，感谢我生活在了这个伟大的时代！

沁园春 NO.11　162 厘米 ×130 厘米　油画　2012 年　刘剑伟

沁园春　140 厘米 ×200 厘米　油画　2009 年 8 月　刘剑伟

青龙背　114 厘米 ×146 厘米　油画　2012 年写生　刘剑伟

山地 NO.1　110 厘米 ×110 厘米　油画　2015 年 3 月写生于巩义海上桥　刘剑伟

海上桥村供销社的时代变迁

口述：王心功

整理：白海峰

我从1977年开始，在大峪沟供销社干临时工，后来转为合同工，再后来转正。

1977年还是鸡蛋换盐的年代，收鸡蛋也有任务。买东西要凭证，买布要布证，买点心要粮票，买糖要糖证……并且只有商业局和供销社可以经营，具体到乡镇只有供销社一家。买东西的人很多，整天人流不断，农忙时还要经营化肥，春节前忙不过来的时候，都要找人帮忙。原来进货全靠人担，几天就要进一次货，后来逐渐变为架子车、三轮车等。那时的商品有布匹、鞋袜、散盐、咸菜、煤油等，我至今还保留着当时的散盐斗、咸菜缸等，留作纪念和回忆。

1983年，全国实行家庭联产承包责任制，供销社门市部由我承包。我当时一次性拿不出承包款，就分四年付清。我在自己经营的二十几年里，有自己的主动权，经营灵活，和爱人两个人把门市部经营得有声有色。

到2000年，超市开始进入农村，供销社的业务比以前减少了。

在2005年退休后，不管刮风下雨，不管人多人少，我每天一大早都照常开门，从吃的用的到针头线脑都有，为的就是方便群众。我努力搞好优质服务，做到百拿不烦，百问不厌，老少无欺，坚持着供销社的服务理念和优良传统。

这个供销社门市部承载了70年的历史，它繁荣了农村经济，给村民们带来便捷，支持了农业生产的发展，我认为这是历史赋予我的责任。

现在我们海上桥村列入中国传统村落名录，前来参观的人络绎不绝。我给他们讲解，让他们了解那个时期的经营情况和经营理念；介绍海上桥村传统民居发展历程、村落布局、建筑特点、文化理念，让他们把这些传统的东西传承下去，让古村记忆印在更多人的脑海里。

海上桥村供销社　王平　摄

附 录

海上桥村村规民约

为践行社会主义核心价值观，提高全体村民自我管理、自我教育、自我约束的能力，树立良好的民风村风，创造安居乐业的社会环境，建设经济发展、文明和谐、卫生整洁的新农村，特制定本村民约：

海上桥，传千载，明清古建前人留；
青狮山，陆丛堆，北望黄河景色秀；
讲文明，有追求，村规民约大家守；
爱家乡，苦奋斗，规章法纪记心头；
新时代，学思想，党员先锋要发扬；
价值观，需牢记，二十四字要践行；
惜公物，护古迹，美德传递扬正气；
公益事，热心肠，志愿活动争参与；
好儿郎，服兵役，保卫边疆利社稷；
倡二孩，讲优育，生育政策要牢记；
防盗版，抵淫秽，扫黄打非我做起；
不赌博，无劣迹，以身作则正自己；
新建房，经审批，服从规划莫违纪；
倒垃圾，不随地，环境幽美好风气；
废秸秆，禁焚烧，科学利用同受益；

弃陋习，树新风，移风易俗需执行；
祭先祖，莫烧纸，献花同样寄哀思；
红白事，不攀比，勤俭节约最实际；
邻里间，重情义，互相帮助如亲戚；
夫妻情，应珍惜，相敬如宾严律己；
敬老人，重孝顺，社会美德要传递；
育子女，教有方，陪伴子女共成长；
外打工，多挂念，经常联系人心安；
谋生计，务正业，勤劳致富带村民；
此条约，大家立，你我遵行都受益。

海上桥村民委员会
2019 年 7 月 21 日

参考文献

[1] 巩县志编纂委员会 . 巩县志 . 郑州：中州古籍出版社，1991.

[2] 巩义市地方史志编纂委员会 . 巩义市志 1986—2005. 郑州：中州古籍出版社，2012.

[3] 河南省地方史志办公室 . 河南省历代方志集成 . 郑州：大象出版社，2017.

[4] 王振江 . 孙宪周 . 贺宝石，等 . 史话巩义 . 郑州：中州古籍出版社，2007.

[5] 郑州市地方史志办公室 . 大峪沟镇志 . 北京：中国水利水电出版社，2019.

[6] 王广亚 . 我的大学理念 . 北京：中国发展出版社，2015.

[7] 徐小龙 . 河洛风情画卷 . 郑州：河南美术出版社，2009.

[8] 曹振普 . 海上桥 . 北京：中国摄影出版社，2020.

海上桥风光之一　王平　摄

海上桥风光之二　曹振普　摄

海上桥风光之三　曹振普　摄

海上桥风光之四　曹振普　摄

编纂始末

盛世编志，承传千载。志是历史的记录，志是现实的回放。村志是一部穿越时空的村落典籍，是反映村落变迁的一面影镜，可以记典存史，可以资政育人，可以借古鉴今，可以传承文明，从而弘扬文化，振奋精神。

海上桥村历经五百余载，人杰地灵，英贤辈出。海上桥村自建村以来，既没有史，更没有志。借着郑州市地方史志办公室启动编纂郑州市名镇志、名街志、名村志文化工程之际，大峪沟镇镇党委、镇政府高度重视《海上桥村志》编写工作，镇党委书记刘亚涛、镇长于晓理多次对村志编写工作提出要求，审核提纲。镇主任科员王晓辉亲历亲为，与村两委共同研究，讨论资料的收集整理，组织白海峰、王长印、王长瑞等老同志一起查阅大量历史资料，实地走访，调查了解，力求真实反映海上桥村最真实的历史和现状。

《海上桥村志》从村情特点出发，突出传统村落特色和重要史实，在篇目设置上力图有所创新，在语言上努力追求朴实、严谨、简洁、流畅，增加可读性。

郑州市地方史志办公室和巩义市地方史志办公室对本书编纂工作全力支持，倾心指导，帮助深入收集资料，废寝忘食进行整理，给予了极大的帮助和指导。

徐小龙作为知名画家，多次到海上桥村写生。其子徐明跃家学传承，投身画苑，积极支持本书编写，还主动提供了父亲徐小龙的大作《河洛风情画卷》中的《织纺卷》和《强身卷》以及其他很多宝贵的写生作品。

郑州大学建筑学院副院长，教授郑东军先生多年来关注海上桥传统村落，专门组织人员到海上桥村进行建筑调查，形成研究成果重点展示。

郑州大学建筑学院副教授姚小伟先生、郑州升达经贸管理学院教授田志先生等广为奔走，收集绘画作品，形成了与众不同的配图体系。

《郑州日报》知名记者李新华专程到海上桥村进行了拍摄，巩义市摄影家协会邵保华、曹振普、钟兆辉等也为本书提供了精彩作品，共同保证了《海上桥村志》的顺利完成。

郑州商学院也给予了极大支持，提供了王广亚先生的资料和人物传记、口述史等相关资料。

在编纂过程中，还得到了巩义市文化广电旅游体育局、中共巩义市委党史研究室等各界专家学者的帮助及支持，在此由衷感谢！

因本书中所选照片及文章众多，部分作品未能在出版前及时联系到著作权人，请著作权人看到后与我们联系，我们将奉上稿酬。

因编者水平有限，加之时间仓促，其错误和遗漏的地方在所难免，敬请社会各界人士和专家学者批评指正。

《海上桥村志》编纂委员会

2020年10月